La Paix

PAR LE

Saint-Esprit

& LE MINISTÈRE FÉMININ

*⁸ Le nourrisson s'ébattra sur l'antre de la vipère, Et l'enfant
sevré mettra sa main dans la caverne du basilic.*

*⁹ Il ne se fera ni tort ni dommage
Sur toute ma montagne sainte;
Car la terre sera remplie de la connaissance de l'Éternel,
Comme le fond de la mer par les eaux qui le couvrent.*

\- Ésaïe 11:8–9*

(LSG)

*Genèse 3,15 ; Nombres 21:9 ; Jean 3:14 ; Marc 16:18

PENTECOSTAL PEACE BY THE SPIRIT SERIES 1

La Paix
PAR LE
Saint-Esprit
& LE MINISTÈRE FÉMININ

RALF LUBS, AUT.
LAURA GLAUDE, TR.,
SONJA HANKE, ÉD.

PEACE LITERATURE
BRUSSELS, BELGIUM

La paix par le Saint-Esprit et le ministère féminin
Pentecostal Peace by the Spirit Series Volume 1 [PPSS 1]
Tous droits réservés © 2020 Ralf Lubs

Traduit de l'anglais : *Peace by the Holy Spirit and Women's Ministry*
Traduit par : Laura Glaude

Première édition, 2020
Publié par PeaceLiterature
Imprimé à Bruxelles, Belgique.

Tous droits de traduction, de reproduction ou d'adaptation en quelque langue et de quelque façon que ce soit réservé pour tous pays.

Directeur de collection : Ralf Lubs
Éditeur : Sonja Hanke
Couverture et mise en page : PeaceLiterature

Les citations bibliques sont extraites de la Louis Segond (LSG), Nestle-Aland 28 (NA28) et Biblia Hebraica Stuttgartensia (BHS). Utilisation autorisée.

Paperback ISBN : 978-9-46396-014-4

Fondée en 2020, à Bruxelles BELGIQUE, PeaceLiterature publie et vend de la littérature chrétienne. Notre passion est de diffuser la théologie exégétique pour le ministère pratique en Europe et au-delà. Nous espérons équiper les laïcs, les leaders des Églises et les universitaires pour qu'ils puissent continuer à construire la paix en coopérant avec l'Esprit de Dieu.

E-mail : info@peaceliterature.com

Site internet : www.peaceliterature.com

2   3   4   5   6   7   8   9   10

Ce livre est dédié à tous mes étudiants qui,
depuis plus de 20 ans, m'ont demandé d'écrire ce livre.
Certains d'entre eux ont publié des livres avant moi. Ma prière est
que leur patience soit récompensée.

Je remercie ma femme Dora, mes enfants Lydia, Paola et Daniel et
mes parents Klaus et Maren Lubs pour leur soutien et amour tout au
long de ce processus.

TABLE DES MATIÈRES

PRÉFACE

Membre : « Pourquoi la femme prêche-t-elle dans votre Église ? 1 Timothée 2:11–14 affirme qu'une femme ne doit pas enseigner, ou du moins pas en présence des hommes … Ainsi, elle respecte l'ordre de la création ».

Pasteur : « J'entends. Cependant, selon cette logique de lecture, ni les jeunes filles, ni les femmes sans enfants n'iront au paradis ».

Membre : « Et qu'est-ce qui vous fait penser cela ? »

Pasteur : « Voici ce qui est dit au verset 15 : 'Mais elle sera sauvée par l'enfantement.' 1 Timothée 2:12–14 ne s'applique à toutes les femmes que si le verset 15 s'applique également à toutes les femmes ».

Membre : « Mais quelle traduction avez-vous ? Ma version dit 'Mais elle aussi sera sauvée, surtout quand elle remplira sa tâche de mère.' »

Pasteur : « Vraiment ? »

Membre : « Oui. Et la note de bas de page de ma Bible annotée dit que les femmes sans enfants peuvent avoir des enfants spirituels, cela compte aussi ».

Pasteur : « … ».

Que répondriez-vous à la place de ce pasteur ? Cette conversation est issue d'une scène pratique de la vie d'Église une scène actuelle qui transcende encore les cultures, et cela, même en 2020. Aucun de risque de changement dans un avenir proche, car la pratique courante de nombreuses congrégations est principalement basée sur des principes bibliques, c'est-à-dire qu'elle est davantage façonnée par la compréhension biblique que par la culture. C'est pourquoi l'étude de la Bible reste indispensable pour le ministère pratique de l'Église ; elle fait partie de la responsabilité du pasteur et de l'équipe pastorale. Chaque pasteur devrait donc se poser ces questions, car tôt ou tard elles lui seront posées. Bien souvent, ce type de conversation se termine par un « je dois creuser plus profondément dans la Parole » ou un « ce n'est pas ma spécialité », ce qui est embarrassant. Le sujet n'est-il pas quelque peu tortueux ?

> « [22] Femmes soyez soumises à vos maris, [23] car le mari est la tête de la femme, comme Christ est la tête de l'Eglise qui est son corps, et dont il est le Sauveur. »
>
> Éphésiens 5:22–23 (LSG - adapté)
>
> « [3] Je veux cependant que vous sachiez que Christ est la tête de tout homme, que l'homme est la tête de la femme, et que Dieu est la tête de Christ. »
>
> 1 Corinthiens 11:3 (LSG - adapté)

Parce que (presque) tout le monde a un avis sur la question, la vision d'ensemble peut être vite perdue. On peut trouver de toutes sortes de convictions : des hiérarchistes, des complémentaristes, des égalitariens, des féministes … chacun avec sa propre interprétation de la Bible. En tant que pasteur, vous voudriez agir en bonne et due forme, le sujet étant trop important pour être bâclé. Vous vous engagez alors dans une décision, mais vous hésitez aussitôt. Était-ce la bonne ?
En fin de compte, il reste au mieux avec des personnes honnêtes comme dans le dialogue ci-dessus. Ou avec des habitués comme, « … la femme est silencieuse dans la communauté ! » Au pire, 1 Ti-

mothée 2:12, Éphésiens 5:22–23, 1 Corinthiens 11:3 et 14:34 deviennent des arguments fatals dans les débats sur le sexisme ou la raison et génèrent des divisions dans l'Église. Pourtant, le sujet est assez simple s'il est traité correctement. Il peut être réduit à ces quelques passages centraux de la Bible. Au prisme des textes suivants : le récit de la création dans la Genèse (lié à Éphésiens 5:22–23), 1 Timothée 2:12–15 et 1 Corinthiens 11 et 14:34, deux scénarios sont possibles : soit le ministère de la femme se tient, soit il s'effondre.

> « ³⁴ que les femmes se taisent dans les assemblées, car il ne leur est pas permis d'y parler; mais qu'elles soient soumises, selon que le dit aussi la loi. ».
>
> 🦋 1 Corinthiens 14:34 (LSG)

La bonne nouvelle, c'est qu'il existe un dessein biblique clair. Et pour commencer, il existe une réponse simple que chaque pasteur devrait adresser à son interlocuteur lors de telles discussions, en commençant par se la poser lui-même :

> **Pasteur** : « Oh, ça a l'air d'être intéressant. Mais sur quelle base vous appuyez-vous ? »

Sur quelle base l'argument défend-il qu'une femme ne devrait pas prêcher à l'Église le dimanche (mais peut être le lundi) ? 1 Timothée 2:12, Éphésiens 5:22–23, 1 Corinthiens 11:3 et 14:34. Cette interprétation des textes est-elle valable, ou les textes méritent-ils d'amples explicitations ?

De nombreux arguments et systèmes de croyance semblent cohérents et logiques à l'interne, jusqu'à ce qu'ils soient confrontés à un système d'idées contraires sur la base du même texte biblique. Mais en fin de compte, un examen attentif des arguments disponibles devrait inciter à pleinement faire accepter l'interprétation la plus cohérente du texte ; une bonne lecture conduirait à une prise de décisions claires et à libérer émotionnellement les pasteur et leur congrégation. Ce livre présente les dernières pièces du puzzle exégétique qui ont jusqu'à présent fait défaut pour une lecture cohérente des textes bibliques autour du ministère féminin. Une lecture non « basée sur l'esprit du monde », mais sur les textes bibliques eux-mêmes. Une lecture dont les principes peuvent être appliqués dans notre monde contemporain de manière pertinente.

Ce livre s'adresse à un groupe cible mixte. D'une part, il sert d'aide aux pasteurs, aux anciens et aux dirigeants d'Église, qui, pour des raisons de temps, ne peuvent pas se plonger dans l'univers du texte original. D'autre part, il s'agit d'une contribution exégétique et théologique à la littérature académique qui, basée sur les études pauliniennes les plus récentes, peut également intéresser les étudiants et les personnes qui ont une bonne connaissance de la thématique.

Chaque chapitre développe l'argument central des textes bibliques clés : La paix par l'Esprit de Dieu et la femme dans l'Église. Les arguments les plus importants de la littérature secondaire sont également traités et leur fondement biblique évalué. Des notes en marge, des encadrés et des graphiques expliquent les termes techniques, éclairent les débats de fond, expliquent l'évolution historique des arguments, etc. Ils servent d'outils de préparation aux confrontations éventuelles avec le sujet dans un contexte pratique communautaire.

INTRODUCTION

Depuis la chute, les conflits entre individus et entre groupes sont l'apanage de la vie sociale des êtres humains. Aussi, depuis la chute, le Saint-Esprit ne cesse d'œuvrer à la restauration des hommes en Dieu et à la réconciliation mutuelle des peuples en Christ. Le centre, la veine théologique et le but principal du message qui traverse la Bible, se concentre alors autour de l'idée du shalom réalisé par le Saint-Esprit.[1]

Le conflit entre l'homme et la femme demeure typique des conflits d'inclusion ou d'exclusion sociale. À l'origine créés pour vivre en harmonie, leur chute a provoqué un fossé dans la merveilleuse relation qui les unissait, et séparé ce que Dieu avait uni. Cette brèche est non seulement visible au sein de la famille mais aussi dans la vie d'Église. Les partisans de la vision complémentariste, associés au CBMW (Council on Biblical Manhood and Womanhood/Conseil sur la vision biblique de la masculinité et de la féminité), soutiennent, en s'appuyant sur la « Denvers Statement » (1987), la « Nashville Statement » (2017) et des publications telles que *Recovering Biblical Manhood and Womanhood*,[2] que le mari est désigné par Dieu[3] pour être le chef du foyer et que la femme doit être soumise au mari qui, en retour, assure un leadership humble et aimant. De fait, certaines fonctions ecclésiales ne peuvent être endossées par des femmes : la direction principale de l'Église doit rester aux mains des hommes. Cela se traduira généralement par leur interdiction pour les femmes d'accéder à la chaire pour prêcher ou pour enseigner en présence des hommes. Les partisans de la vision égalitarienne associés au CBE (Christians for Biblical Equality/Chrétiens pour l'égalité biblique) soutiennent toutefois dans leur déclaration de 1989 intitulée « Men, Women and Biblical Equality », ainsi que dans des ouvrages tels que *Discovering Biblical Equality : Complementarity without Hierarchy*,[4] que Dieu a créé l'homme et la femme complètement égaux et que l'homme n'a commencé à dominer sur la femme qu'après la chute. Par conséquent, le foyer idéal, restauré par le Saint-Esprit, affiche une égalité et une pleine harmonie dans l'amour et le respect mutuel, en répartissant les différents rôles en fonction des dons attribués par Dieu. Ceci vaut également pour le fonctionnement dans l'Église. Il n'y a pas de rôles spécifiques aux hommes et aux femmes. Les dons individuels de Dieu, qui doivent être attestés par l'Église, déterminent la fonction d'un homme ou d'une femme en service. La femme devrait alors, en principe, avoir la possibilité de prêcher et d'enseigner à des groupes mixtes, si ce n'est de pouvoir devenir la pasteure principale d'une Église.

Petite histoire - Le monde est si petit !

Les littératures spécialisées du monde anglophone, germanophone, francophone, hispanophone et italophone sur le ministère des femmes sont étroitement associées. La littérature exégétique la plus qualitative des zones linguistiques néerlandaise, italienne et espagnole est souvent (à quelques exceptions près, ou « œuvres mixtes ») traduite à partir de l'anglais. Dans le monde francophone, on trouve des traductions à côté d'œuvres indépendantes :

Bellefleur, *Hommes, femmes dans l'Église*, 2003.
Winston, *Les femmes dans le ministère chrétien*, 2007.
Smith, *Le projet bienveillant de Dieu pour elle et lui*, 2014.
Behr-Sigel, *Le ministère de la femme dans l'Église*, 2006.
Kuen. *La femme dans l'Église*, 2007.

Avant 1900, le ministère des femmes était comparativement moins important que celui des hommes. Sur le champs de mission, les femmes étaient souvent pleinement déployées, alors que dans la congrégation, ce sont les hommes qui occupaient généralement des postes de direction. Entre 1910 et 1920, les femmes prédicatrices sont devenues de plus en plus actives, surtout dans le domaine de l'évangélisation. Ce n'est que dans les années 1960 et 1970 que le sujet a émergé à une plus grande échelle sur le plan social et dans le champ de la théologie anglophone (1963 : *The Feminine Mystique* [B. Friedan], 1974 : *All We're Meant to Be* [N. Hardesty], 1975 : *Man as Male and Female* [P. Jewett], 1977 : *Woman Be Free!* [P. Gundry]). À la fin des années 70 et 80, entre les « hiérarchistes » évangéliques (complémentaristes) et les « féministes » évangéliques (égalitariens), un dialogue s'est de plus en plus instauré entre les deux champs, mais il a davantage conduit à une démarcation et à une polarisation des positions plutôt qu'à un accord biblique et théologique entre les évangéliques.

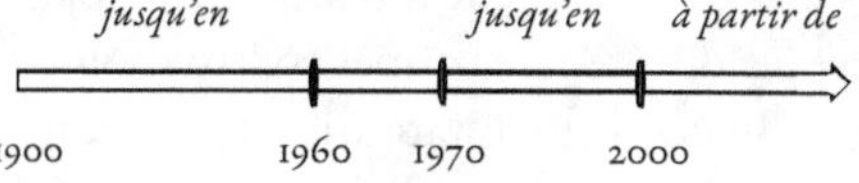

Le point culminant de la production littéraire anglophone a probablement été celui des années 80 et 90 avec des œuvres telles que *Beyond the Curse* [A. B. Spencer, 1989], *Neither Slave nor Free* [P. Gundry, 1987] et la création du CBE et du CBMW en 1987.

À partir des années 2000, la littérature anglaise s'est contentée de renforcer les arguments bibliques des deux blocs, à tenter des combinaisons.

diplomatiques et d'écrire d'excellents ouvrages de synthèse (par exemple, P. B. Payne, *Man and Woman: One in Christ*, 2009). Le curseur se déplace davantage vers d'autres questions connexes à l'éthique et à l'anthropologie chrétiennes. Entre-temps, la littérature thématique s'épanouie en Europe. La plupart des œuvres écrites dans les langues locales ont été rédigées entre 2004 et 2019. Pour une histoire plus détaillée du développement du monde anglophone, l'article suivant est fortement recommandé :

Pierce, « Contemporary Evangelicals for Gender Equality », dans *Discovering Biblical Equality*, éd. Pierce, 58–75.

Centre théologique : La paix par l'Esprit

Notre analyse des passages clés qui illustrent le conflit entre partisans des visions complémentariste et égalitarienne, démontre que les auteurs bibliques ont comme préoccupation principale la restauration de shalom entre les différents groupes sociaux. Notre étude traitera particulièrement du cas de la restauration entre hommes et femmes. Il est inévitable que le contexte culturel y joue son rôle. En effet les cultures juive, grecque et romaine, vivent principalement selon le modèle patriarcal. La structure sous-jacente du travail de l'Esprit demeure celle du shalom, c'est-à-dire qu'elle converge vers l'unité, l'amour, la justice, l'harmonie et la paix. Il ne s'agit pas seulement d'une dialectique entre Juifs et non-Juifs, esclaves et maîtres, etc., mais aussi d'une problématique entre hommes et femmes, au sein du foyer et dans l'Église. Les arguments tant « complémentaristes » qu'« égalitairiens » ont été conjointement évalués de manière critique, sur base d'une analyse indépendante des textes hébreux et grecs de l'Écriture. L'argument présenté ici repose sur l'idée que le cœur de la théologie de Paul, sa communication principale, dirige vers *eirēnē* (εἰρήνη) à partir de *pneuma* (πνεῦμα).[5] En d'autres termes, l'Esprit saint réalise, en Christ, la restauration de la relation originelle de *šālôm*/shalom (שָׁלוֹם) entre Dieu et les hommes, et parmi les hommes. Shalom est le concept théologique au centre de la Bible hébraïque. Il exprime l'idée d'une plénitude où rien ne manque, où tout est accompli et parfait. La paix, dans ce contexte, fait référence à la relation restaurée, accomplie par le Saint-Esprit qui permet aux hommes et aux femmes régénérés en Christ de collaborer à son action. Il est nécessaire que ces derniers soient en harmonie mutuelle pour participer à la réalisation de ce dessein divin par le Saint-Esprit. Cela déplace radicalement le curseur de l'identification : il ne s'agira plus d'être juif ou païen, maître ou esclave, homme ou femme, mais d'être « en Christ ». En Christ s'arrête tout conflit et s'instaure un état de parfaite harmonie. Bien que le stade de shalom parfait ne sera atteint qu'après la parousie, il est de la responsabilité des hommes et des femmes de participer à faire retentir l'expérience profonde d'une paix avec Dieu et entre eux.

Problème, objectif et structure

La question du rôle de la femme dans l'Église est à la source du désaccord que l'on retrouve dans la littérature pertinente entre complémentaristes et les égalitariens. Cette vision est souvent liée au rôle qu'exerce la femme dans le foyer. Tandis que les égalitariens plaident en faveur de la pleine égalité, non seulement en valeur, mais aussi en fonction, les complémentaristes affirment que, s'il existe une égalité de valeur entre l'homme et la femme, il n'existe pas d'égalité de fonction fondée sur le récit de la création et son interprétation biblique. En outre, ni les complémentaristes ni les égalitariens n'ont pu fournir un cadre tel que celui développé dans cette étude.

L'objectif principal est donc d'examiner les passages clés utilisés comme preuves dans la prise de position des deux pôles, et de montrer que le Saint-Esprit favorise des relations de paix lorsqu'il se sert d'hommes et de femmes rassemblés dans l'unité pour réaliser ses desseins. Nous aborderons dans un premier temps le récit de la création, puis, dans un second, nous examinerons son interprétation dans le Nouveau Testament. Enfin, nous soulignerons la manière dont le texte biblique présente des exemples clés de femmes enseignantes.

Méthodologie

Pour parvenir à notre but, nous utiliserons principalement les méthodes de la sociocritique et de l'analyse du discours. Parce que notre étude traite des relations dans un contexte culturel majoritairement patriarcal, la méthode sociocritique nous sera indispensable. Elle nécessite une analyse minutieuse qui consiste à identifier les principes culturels mis en œuvre, afin de déterminer la fonction et le rôle des femmes dans l'Église, et, conjointement, dans le foyer (les deux aspects étant directement liés). Sur cette base, un jugement peut être porté sur les différences entre les pratiques culturelles et les principes universels. Ces derniers mettent en lumière le travail de l'Esprit saint en collaboration avec tous ses membres dans l'Église messianique de Jésus-Christ. Il consiste au rétablissement de la situation prélapsarienne : le retour d'un shalom plus intensifié et excluant les conflits entre tous les groupes sociaux. Par ailleurs, puisque la communication biblique s'effectue sous forme de discours, une analyse du discours comme discipline linguistique s'impose. Les différents concepts et idées, fonctionnant dans leurs champs sémantiques, peuvent être comparés puis classifiés en coextensions, majoritairement synonymiques, mais aussi antonymiques, méronymiques ou encore hypotactiques.

Nous appuyant sur une meilleure compréhension de la sous-structure de communication, rendue visible par des éléments sémiotiques, syntaxiques et grammaticaux, l'analyse doit nous permettre de dévoiler la pensée de l'auteur biblique. En d'autres termes, elle doit démontrer le but principal de la communication dans les passages choisis, et assemblés pour un objectif commun. Cet objectif n'est autre que la réalisation de la paix du Saint-Esprit qui, en collaborant avec les peuples, résout toute « guerre des sexes » en faveur d'une vie harmonieuse en Christ.

Délimitations et présupposés

Bien que l'accent principal de notre recherche soit placé sur le rôle de la femme dans un cadre ecclésial, - en relation avec l'œuvre harmonieuse de création par l'Esprit - , le sujet de la femme en tant qu'épouse, bien que subordonné à notre objectif, lui est intrinsèquement lié. Il ne peut donc être entièrement soustrait de l'analyse. En revanche, nous ne discuterons pas spécifiquement de la résolution des conflits ecclésiaux entre Juifs et Gentils, maîtres et esclaves, ou encore entre enfants et parents. D'autres études spécialisées s'intéressent à ces questions, qui abordées par les Écritures, demeure d'égale importance.

Par ailleurs, nous ne traiterons aucunement de la discussion sur la paternité des textes. Bien que la littérature pertinente, qui n'attribue pas forcément la paternité paulinienne aux épitres pastorales, fasse poids, nous choisissons de traiter unilatéralement ces textes comme des documents pauliniens. Cela demeure dans la mesure où, même s'ils ne sont pas authentiquement signés par Paul, ils expriment de façon certaine des convictions qui puisent dans une forte influence paulinienne. Ainsi, ils auraient pu être écrits, si ce n'est par Paul lui-même, par l'un de ses disciples. La même approche sera adoptée en ce qui concerne les livres de l'Ancien Testament, tels que la Genèse avec Moïse. Une discussion sur la paternité ne contribuerait en rien à résoudre notre problème théorique et n'a donc pas sa place dans la présente étude. Un nombre suffisant d'ouvrages entièrement consacrés à la question complexe de la paternité, sont disponibles dans la littérature pertinente, et nous serions ravis d'en déléguer la question à ces nombreuses études spécialisées.

Par ailleurs, Galates 3:28, qui est un texte essentiel, aurait tout à fait sa place dans le cadre de cette étude. Néanmoins, en raison du récent et remarquable mémoire de master de Sonja Hanke,[6] très détaillé sur la question et qui mériterait d'être consulté par le lecteur, ce texte n'a pas été inclus ici.

Malheureusement, l'espace ne permettra pas non plus de pousser l'analyse sur Jésus et le ministère des femmes, ni de s'attarder sur des femmes-ministres hors du commun telles que Miriam, Deborah, Huldah, Hannah, etc. L'avenir nous offrira certainement l'occasion d'en discuter.

Positions de bloc

Le féminisme politique et social des années 70 propagé en Occident (notamment en Europe occidentale et dans une grande partie de l'Amérique), n'a pas épargné le mouvement évangélique. Des voix conservatrices venue d'Amérique se sont élevées en soutien aux « complémentaristes » (CBMW), préoccupés à protéger et promouvoir des valeurs traditionnelles (supposées bibliques). Plusieurs facteurs peuvent être à l'origine des motivations d'un tel groupe: un protectionnisme socio-psychologique, la peur du changement et la perte de la génération des précurseurs, mélangé à l'ardent désir de vivre selon les normes bibliques (et non selon le prétendu « esprit du monde »), etc. Cependant leur vision du monde à quelque chose de positif : si un texte de la Bible n'a pas été expliqué de manière satisfaisante, il faut continuer à en chercher des réponses. Des conclusions exégétiques prématurées peuvent saper le fondement sur lequel nous, chrétiens, nous appuyons. À ce jour, les leaders de cette voix, puisent en particulier dans les rangs des baptistes du Sud, et sont devenus des personnalités. Citons John Piper (hédonisme chrétien; desiringgod.org), Wayne Grudem (*théologie systématique*), Daniel B. Wallace (*Greek Grammar*

Beyond the Basics), Thomas Schreiner (*Romans*, BECNT) et d'autres. Grâce à une forte présence médiatique, leurs écrits sont également largement diffusés en Europe, d'autant plus qu'ils renvoient en grande partie à la lecture traditionnelle des textes bibliques. Vieille de plusieurs décennies, cette littérature trouve un terrain fertile dans les structures patriarcales du monde occidental.

Le contre-mouvement évangélique des égalitariens (CBE International) plaide pour le ministère des femmes dans l'Église, et ce principalement dans tous les sphères. Des noms éminents tels que Gordon Fee (*God's Empowering Presence* ; pente-côtistes), C. S. Keener (Paul, Women and Wives ; interdénominationnel), A. B. Spencer, P. B. Payne, T. Still, et d'autres, y sont associés. Jusqu'à ce jour, ils produisent des œuvres exégétiques majeures, ne reçevant que trop peu d'attention dans les médias. La motivation première de leurs adeptes pourrait être à la croisée de plusieurs facteurs. Première-ment, elle tient de la découverte exégétique que la pratique de l'Église du Nouveau Testament ne correspond pas nécessairement à notre lecture habituellement « hiérarchique » des passages. Deuxièmement, elle nait de l'expérience pratique autour de l'idée que l'Esprit confère et appelle les femmes aujourd'hui. Troisième et dernier point, elle tire sa force de l'essor socio-psychologique et culturel que les femmes de la société occidentale ont connu grâce à l'émancipation des femmes. Ce qui est positif, c'est la valeur inhérente à leur posi-tion : la volonté de repenser les traditions ancrées dans la lecture biblique du texte, si ces traditions ne tiennent pas compte des nouvelles découvertes exégétiques et ne peuvent expliquer de manière sa-tisfaisante le texte dans son ensemble.

I.

SHALOM EN GENÈSE :
LE RÉCIT DE LA CRÉATION

« Faisons l'homme à notre *image* » – *Ṣelem* (צֶלֶם)

Chaque parent désire entrevoir ce petit quelque chose de lui-même chez ses enfants. On nomme cela *ṣelem* (צֶלֶם). Alors que Dieu est asexué et *rûaḥ* (רוּחַ), c'est-à-dire non physique dans son essence,[7] en tant que créateur de toute substance et pénétrant toute substance, il a créé à la fois l'homme et la femme de manière à ce qu'ils soient eux-mêmes *ṣelem* de Dieu. C'est à cela que Dieu, et notamment son caractère, est identifiable sur terre : à travers la capacité humaine de penser comme Dieu pense et la capacité de communiquer comme Dieu communique. Ce *ṣelem* a été entaché à la chute par le péché et a donc détruit la relation de shalom entre Dieu et l'être humain, qu'il soit homme ou femme. La chute a également détruit la relation mutuelle de shalom entre l'homme et la femme. L'homme, cependant, n'est pas totalement privé du *ṣelem* de Dieu.[8] La distorsion n'est que partielle et diffère d'une personne à une autre. La restauration qui se produit à différents degrés, est fonction de la mesure de volonté de l'individu à collaborer avec *rûaḥ 'ădōnāy* (רוּחַ אֲדֹנָי). L'être humain a en effet été doté de la faculté de comprendre la voix de l'Esprit, et cela particulièrement à travers la lecture des Écritures.

Toute personne humble devant Dieu est capable, par grâce, de comprendre le message du salut, alors que l'Esprit lui en communique la juste compréhension. Seule la personne qui résiste volontairement à l'Esprit ne comprendra pas le message du salut ou le rejettera de son propre chef. Le développement d'un individu se fait soit en vue d'une restauration, soit vers une détérioration de ce *ṣelem*.

Les polythéistes font un *ṣelem* des dieux qu'ils imaginent ou fabriquent l'objet de leur adoration.[9] Quant aux humanistes, ils sont arrivés à un niveau supérieur d'idolâtrie, en vénérant un *ṣelem* qui peut en plus entendre, parler et se mouvoir ; un *ṣelem*, qui bien que détourné, reste un véritable *ṣelem* de Dieu: l'être humain lui-même. Mais n'est-il pas préférable d'adorer Dieu à son *ṣelem* ? Et il vaut mieux travailler à être le meilleur *ṣelem* qui soit, c'est-à-dire être rétablis, en tant qu'homme et femme, au *ṣelem* auquel Dieu les a destinés. Mais il ne s'agit pas ici que d'un seul être. En effet, l'homme et la femme unis dans le shalom forment ensemble le véritable *ṣelem* de Dieu. Ce n'est que lorsque la relation entre l'homme et la femme est entièrement rétablie (harmonieuse), ainsi que leur relation avec Dieu et avec les autres membres du peuple de Dieu, que le *ṣelem* de Dieu est entièrement restauré. C'est à cela que le Saint-Esprit a œuvré depuis la chute. Et l'homme et la femme ont la responsabilité de collaborer avec Lui afin d'atteindre cet objectif.

« ... à notre *ressemblance* ... » – *Dəmût* (דְּמוּת)

Dəmût (דְּמוּת) traduit l'idée fondamentale de « ressemblance », ce qui fait du terme un quasi-synonyme de *ṣelem* (צֶלֶם).[10]

« [26]Puis Dieu dit: 'Faisons l'homme à notre *image* (*ṣelem*), à notre *ressemblance* (*dəmût*)!' »
 Genèse 1:26 (LSG)

« [8]Ta taille *ressemble* au palmier, et tes seins à des grappes. »
 Cantique 7:8 (LSG)

Cependant, contrairement à *ṣelem*, *dəmût* peut être utilisé pour des objets similaires ou pour des personnes de différents types mais présentant soit des aspects similaires soit de nombreuses distinctions. Dans le Cantique des Cantiques, au chapitre 7 versets 7–11 (6–10), le jeune homme dit (7:8 [7]): « Ta taille est comme (*dəmût*) un palmier, et tes seins comme des raisins »,[11] ce qui est parallèle aux longues comparaisons de Cantiques descriptifs, comme en 4:1, 2, 3, 4, 5; 7:5. Ces passages emploient le plus souvent la particule comparative *kə* (כְּ).[12]

Genèse 1:26 utilise donc à la fois *ṣelem* et *dəmût* afin d'indiquer que l'homme et la femme sont faits en tant que représentation de Dieu sur terre. Cela leur permet de vivre selon le modèle de Dieu, de se reconnaître comme Lui appartenant, de Lui ressembler et d'être avec Lui en raison de leur relation innée et intime ; une relation qui demeure une prérogative de l'être humain par opposition aux animaux.[13] En même temps, l'homme et la femme ne sont pas Dieu et ne devraient pas tenter de le devenir. Ils ne sont que *dəmût*, c'est-à-dire *comme* Dieu, mais pas Dieu lui-même. L'homme et la femme sont donc un reflet de la gloire de Dieu et peuvent être restaurés dans cette gloire divine, mais ils ne doivent pas essayer de prendre la place de Dieu, en acceptant de recevoir l'adoration qui lui est due, ou en essayant de l'utiliser à leurs propres fins.

Ṣelem et *dəmût* indiquent que l'homme et la femme sont égaux et ont besoin de refléter Dieu sur la base d'une relation de shalom avec l'Esprit et avec les autres, le tout étant médié par l'Esprit lui-même. Seth ressemblait à son père et était ainsi, en tant qu'homme, le *ṣelem* d'Adam.[14] Sa sœur ressemblait à Eve et était de ce fait son *ṣelem* en tant que femme.[15] Si l'on regarde à Eve et Adam, il n'y a pas de hiérarchie dans le autour du concept de *ṣelem*. Adam et Ève sont les *ṣelem* de Dieu en tant qu'individus, Ève autant qu'Adam, puisque Dieu n'est pas homme, mais Esprit. Cependant, leur relation mutuelle, elle aussi était destinée à être dans le *ṣelem* de Dieu, avant qu'elle ne soit entachée par le péché et ait besoin d'être restaurée. Ainsi, être égal en *ṣelem* et en *dəmût* en tant en tant qu'homme et femme ne peut conduire à une distinction fonctionnelle fondée uniquement sur le sexe.[16]

La tradition juive que Paul cite dans 1 Corinthiens 11[17] interprète le récit de la création en ce sens que, seul l'homme reflète la gloire de Dieu et la femme la gloire de l'homme. En fait, la littérature rabbinique reflète la diversité des voix, tant négatives que positives, concernant la position de la femme par rapport à celle de l'homme. Jacob Neusner indique que, de manière positive, la femme est considérée comme plus compatissante que l'homme (B. A.Z. 18a; B. Ket. 104a) et pourrait être utilisée pour réprimander les hommes qui sont en faute (B. Erub. 53b ; B. San. 39a). Par contre, elles sont associées à « la sorcellerie (M. Ab. 2:7 ; Y. Qid. 4, 66b), la folie (B. Shab. 33b), la malhonnêteté (Gen. Rab. 18:2), la licence (M. Sot. 3:4, et B. Ket. 65a) etc. (Gen. Rab. 18.2 ; 45:5) ».[18] Parfois, Ève est perçue comme étant plus responsable qu'Adam d'avoir amené la mort sur l'humanité (Gen. Rab. 17:8). La Haggadah qualifie des dirigeantes comme Deborah et Huldah comme étant remplies d'orgueil (B. Meg. 14b ; B. Ket. 23a).[19]

« [7]L7 L'homme ne doit pas se couvrir la tête, puisqu'il est l'image et la gloire de Dieu, tandis que la femme est la gloire de l'homme. [8]En effet, l'homme n'a pas été tiré de la femme, mais la femme a été tirée de l'homme ; [9]et l'homme n'a pas été créé à cause de la femme, mais la femme a été créée à cause de l'homme. »

🦋 1 Corinthiens 11:7–9 (LSG)

Selon Neusner, le rôle principal des femmes dans la vision rabbinique classique consistait à aider les hommes à assumer leur tâche d'hommes religieux, de prendre soin des enfants et de veiller à ce qu'ils étudient à la synagogue (As B. Ber. 17a).[20] Philon relate d'une interprétation judéo-hellénistique primitive de la Genèse qui aurait également pu être connue de Paul, « Et la femme devient pour lui [le premier homme] le début d'une vie répréhensible (*archē de tēs hupaitou zōēs autō ginetai gunē*) ».[21] Néanmoins, Paul a sa propre lecture du récit de la Genèse ! Il croit bel et bien se trouver dans l'ère messianique, celle où l'Esprit vient remplir les hommes et les femmes afin qu'ils prononcent des paroles prophétiques pour l'édification du peuple de Dieu; celle ou l'Esprit vient intensifier, dans l'unité, leurs relations de paix avec Dieu et entre eux. Ce n'est que lorsque l'on comprend que la femme n'est rien sans l'homme, et que l'homme n'est rien sans la femme, que le *ṣelem* et le *dəmût* de Dieu deviennent visibles pour tous. La femme et l'homme doivent accomplir ensemble et en harmonie la tâche d'ordre divin, en raison de l'autorité, de l'*exousia* (ἐξουσία), qui leur a été déléguée.

« L'homme dit ... On *l'appellera* femme » – *Qārā'* (קָרָא)

En Genèse 2:23 Adam ne donne pas le nom d'*'iššâ* (אִשָּׁה) à sa femme : « On l'appellera (*yiqqārē'*) femme (*'iššâ*) ». Le niphal (passif) imparfait *yiqqārē'* (יִקָּרֵא) utilisé ici, provenant du qal (actif) parfait *qārā'* (קָרָא), explique pourquoi le nom commun, et non le nom propre Ève, est devenu *'iššâ* (אִשָּׁה) en hébreu. En d'autres termes, *'iššâ* signifie femme, qui n'est pas un nom propre comme Ève. Le passif (« *on l'appellera* ») est utilisé ici pour indiquer cet usage général du nom commun. Quand à l'actif, il est utilisé pour indiquer la nomination effectuée par Adam (Genèse 2:19, 20; 3:20): « L'homme donna des noms (*qārā'*) à tout le bétail. »
La même racine partagée par *'iššâ* (אִשָּׁה) et *'iš* (אִישׁ) indique la paix et l'unité entre l'homme et la femme dans le dessein de Dieu. La femme est faite à partir de l'homme et est de nouveau unie à l'homme dans le mariage pour ne faire qu'un dans la paix et l'harmonie.[22]
Après la chute de Genèse 3:20, Adam appelle (*qārā'*) sa femme Ève/*ḥavvâ* (חַוָּה). Si l'on considère - comme le font certains complémentaristes qui appliquent aussi aux femmes ce qui vaut pour les animaux -, que la nomination est une activité pratiquée par celui qui se considère comme supérieur en fonction,[23] on pourrait alors défendre

l'idée qu'après la chute, l'homme désire régner sur sa femme et la traite au même titre qu'un animal en lui donnant un nom. Toutefois, cela n'est pas valable, car « le texte ne dit nulle part que l'homme a exercé son autorité sur les animaux en les nommant »,[24] et ce n'est pas toujours celui qui est supérieur en fonction qui donne un nom à celui qui lui serait inférieur. Sur le plan linguistique, donner un nom à un objet ou à une personne n'a rien à voir avec l'infériorité ou la supériorité. C'est une activité de communication universelle, un processus naturel à toute langue. C'est d'ailleurs ainsi que les langues se développent constamment. Cet acte de langage vise à faciliter les relations par une communication plus précise.[25]

> « [19]L'Eternel Dieu forma à partir de la terre tous les animaux ... puis il les fit venir vers l'homme pour voir comment il les *appellerait*; ... [20]L'homme *donna des noms* (*qārā'*) à tout le bétail ... mais pour lui-même il ne trouva pas d'aide qui soit son vis-à-vis. ... [22]L'Eternel Dieu forma une femme à partir de la côte qu'il avait prise à l'homme et il l'amena vers l'homme... [23]L'homme dit: ... On l'appellera (*yiqqārē'*) femme (*'iššâ*), parce qu'elle a été tirée de l'homme (*'îš*). »
>
> Genèse 2:19–23 (LSG)

En Genèse 4:26, des personnes appelèrent Dieu par le nom de Yahweh, (*YHWH*/יְהוָה) et en Genèse 12:8, Abraham appela aussi Dieu par le nom de Yahweh. En Genèse 16:11, c'est Hagar qui nomma son fils Ismaël, tout comme Rachel nomma son fils Dan (Genèse 30:6). Cela signifie-t-il pour autant que Hagar était supérieure à Abraham et exerçait un pouvoir sur Abraham qui n'a pas nommé son fils ? Ou que Rachel était supérieure à Jacob en nommant leur fils ? Léa aussi donna le nom de Ruben à son fils (Genèse 29:32). Par ailleurs, en Genèse 16:13, Hagar appela Dieu par nom de *ēl rŏi* (אֵל רֳאִי).

Cela indique-t-il sa supériorité sur Yahweh? L'Esprit de Dieu a créé l'homme et la femme sur un même pied d'égalité, et il demeure en eux deux, afin de leur permettre de vivre en harmonie avec Dieu et les uns avec les autres.

> « [20]Adam *appela* sa femme Eve, car elle devait être la mère de tous les vivants. »
>
> Genèse 3:20 (LSG)
>
> « [26]Seth eut lui aussi un fils, et il l'appela (*qārā'*) Enosh. »
>
> Genèse 4:26 (LSG)
>
> « [8]Là, il construisit un autel en l'honneur de l'Eternel et fit appel au nom (*qārā'*) de l'Eternel. »
>
> Genèse 12:8 (LSG)
>
> « [13]Elle (Hagar) donna à l'Eternel, qui lui avait parlé, le nom d'Atta-El-Roï. »
>
> Genèse 16:13 (LSG)

« ... Il prit une de ses *côtes* » – *Ṣēlā'* (צֵלָע)

L'expression « os de mes os » trouve son origine dans la notion primitive de parenté, c'est-à-dire qu'il repose sur « l'appartenance à une masse commune de chair, de sang et d'os », de sorte que tous les membres d'un groupe apparenté soient parties d'une même substance, qu'ils soient acquis par hérédité ou assimilés par un processus d'adoption (cf. Genèse 29:14; 37:27; Juges 9:2; 2 Samuel 5:1; 19:13).[26] Le langage employé dans la scène du jardin se retrouve aussi dans la description du tabernacle, où le terme *ṣēlā'*, traduit ici par « côtes », apparaît fréquemment dans le cadre de la construction du tabernacle.[27] La femme a été prise du côté de l'homme pour montrer qu'elle était de la même substance que l'homme et pour renforcer l'idée d'une unité familiale humaine dont la source est unique. C'est ce qui ressort clairement de la description qu'en fait l'homme: « Os de mes os et chair de ma chair » (Genèse 2:23). Le verbe « prendre », *lāqaḥ* (לָקַח), qui est mis en évidence dans le récit (versets 22–23), peut anticiper l'union conjugale des deux êtres, puisque c'est l'idiome commun du mariage.[28] La terminologie utilisée pour la construction du tabernacle[29] est tirée du récit de la création en Genèse.

> «"[21]Alors l'Eternel Dieu fit tomber un profond sommeil sur l'homme, qui s'endormit. Il prit (*lāqaḥ*) une de ses côtes (*ṣēlā'*) et referma la chair à sa place [22]L'Eternel Dieu forma une femme à partir de la côte qu'il avait prise (*lāqaḥ*) à l'homme et il l'amena vers l'homme. [23]L'homme dit: 'Voici cette fois celle qui est faite des mêmes os et de la même chair que moi. On l'appellera femme parce qu'elle a été tirée (*lāqaḥ*) de l'homme'. [24]C'est pourquoi l'homme quittera son père et sa mère et s'attachera à sa femme, et ils ne feront qu'un.
>
> Genèse 2:19–23 (LSG)

La femme a été créée par Dieu à partir de la côte (*ṣēlā'*) de l'homme. Genèse 2:22 n'utilise pas le mot « créer » (*bārā'*/בָּרָא) à ce stade, mais le mot (*bānâ*/בָּנָה),[30] qui est également utilisé pour la construction du temple de Dieu, sa demeure. Le lecteur hébreu du texte peut immédiatement comprendre l'allusion et saisir que l'homme et la femme forment ensemble la demeure de Dieu, son lieu saint où il manifeste sa présence. Mais cette image ne parle pas seulement du fait que la femme comme l'homme soit destinée à refléter la présence de Dieu, elle indique également que la relation entre l'homme et la femme doit être parfaite pour refléter cette présence divine. Dieu en est la source, et l'Esprit, le réalisateur d'une unité potentiellement parfaite entre les deux êtres. Lorsque les poutres du temple (*ṣēlā'*) ne conviennent pas pour supporter le bâtiment, celui-ci s'effondre. De la même manière, il doit y avoir harmonie parfaite dans la façon dont hommes et femmes servent Dieu. Quand il n'y a pas d'unité entre l'homme et la femme, il n'y a pas de stabilité, ni pour le foyer, ni pour l'Église de Dieu, son temple.

« ... Je lui ferai une *aide* ... » *'ēzer* (עֵזֶר)

Le fait qu'Eve soit appelée « aide »/ *'ēzer* (עֵזֶר) ne la rend pas subordonnée à Adam. À vrai dire, Dieu est régulièrement désigné par « aide » dans la Genèse, ce qui ne le rend pas subordonné à Adam.[31] Certaines personnes pensent que la malédiction prononcée par Dieu a entraîné une distorsion des rôles précédents et non l'introduction de nouveaux rôles, comme si Ève était subordonnée à Adam avant la chute.[32]

> « [18]L'Eternel Dieu dit: 'Il n'est pas bon que l'homme soit seul. Je lui ferai une aide (*'ēzer*) qui soit son vis-à-vis. »
>
> Genèse 2:18 (LSG)
>
> « [7]L'Eternel Dieu façonna l'homme avec la poussière de la terre (*'ădāmâ*). Il insuffla un souffle de vie dans ses narines et l'homme devint un être vivant. »
>
> Genèse 2:7 (LSG)

En réalité, il n'y a pas de détermination des rôles définis pour l'homme et la femme. Les deux sont appelés à prendre soin du Royaume et du temple de Dieu,[33] à savoir l'Éden, et à régner ensemble en paix sur le reste de la création, y compris sur la créature du serpent. Puisqu'Ève représente l'humanité autant qu'Adam, ils ne sont parfaitement représentatifs de l'humanité que lorsqu'ils sont réunis.[34] Ensemble, ils reflètent l'image de Dieu, et, ensemble, ils régissent le reste de la création. La dénomination de la race humaine n'a pas été faite sur base d'un homme appelé Adam, bien au contraire. Adam est un nom commun en hébreu qui signifie « terre rougeâtre », *'ădāmâ* (אֲדָמָה).[35] L'homme, Adam, a été créé avec de la matière issue de la terre et la femme a ensuite été faite à partir de cet homme.[36] Adam est souvent utilisé dans le sens d'être humain dans les textes bibliques. L'homme Adam s'appelait Adam parce que l'humanité s'appelait Adam.

Avant la chute, la seule différence de rôle entre Adam et Ève était qu'Eve, dont le nom signifie « vie », était destinée à être mère alors Adam devait être père. La chute n'a modifié cela en rien. Il y a une différence de rôles entre l'avant et l'après, cependant ils ne sont pas basés sur le genre, mais sur les circonstances. Prendre soin du jardin n'est pas la même chose que travailler le sol, et enfanter sans douleur n'est pas la même chose qu'enfanter dans la souffrance.

Le problème n'est pas la désobéissance dans le sens où la femme remplit un rôle que Dieu a confié à l'homme. Le problème, c'est que l'humanité vit dans un état de malédiction et qu'elle souffre en travaillant, quel qu'en soit le travail. La restauration par le Saint-Esprit consiste à permettre aux gens d'apprécier à nouveau le travail et de poursuivre toute activité comme gage de bénédiction, Dieu demeurant dans son shalom éternel.

Un argument commun aux complémentaristes évoque le fait que Dieu s'est d'abord adressé à Adam après la chute, ce qui fait de lui le principal responsable du péché commis par Ève ainsi que de son propre péché.[37] Mais en réalité, Dieu leur demande respectivement, l'un après l'autre, de prendre leurs responsabilités (Genèse 3:9–13). Or, aucun des trois, ni Adam, ni Ève, ni le serpent, ne veut porter cette responsabilité de la faute ;[38] c'est alors que Dieu prononce son juste jugement. Ève n'est pas punie pour le péché d'Adam, mais seulement pour son propre péché. De même, Adam n'est pas puni pour le péché d'Ève mais pour son propre péché. Enfin, le serpent est puni lui aussi pour son propre péché. Chacun est responsable de ses actes et est puni en conséquence. De même, l'argument commun du droit d'aînesse (ou du premier-né) selon lequel Adam a reçu la responsabilité et l'autorité principales sur Ève en matière familiale, ne correspond pas au modèle de travail de Dieu. En effet, Esaü, premier-né, n'était pas au-dessus de Jacob et Ismaël n'était pas plus au-dessus d'Isaac.[39]

> « [9]Cependant, l'Eternel Dieu appela l'homme et lui dit: ' Où es-tu? '
>
> [10]Il répondit: ' J'ai entendu ta voix dans le jardin et j'ai eu peur, parce que j'étais nu. Alors je me suis caché. '
>
> [11]L'Eternel Dieu dit: ' Qui t'a révélé que tu étais nu? Est-ce que tu as mangé du fruit de l'arbre dont je t'avais interdit de manger? '
>
> [12]L'homme répondit: ' C'est la femme que tu as mise à mes côtés qui m'a donné de ce fruit, et j'en ai mangé. '
>
> [13]L'Eternel Dieu dit à la femme: ' Pourquoi as-tu fait cela? ' La femme répondit: ' Le serpent m'a trompée et j'en ai mangé. '
>
> [14]L'Eternel Dieu dit au serpent: ' Puisque tu as fait cela, tu seras maudit … '
>
> [16]Il dit à la femme: ' J'augmenterai la souffrance de tes grossesses. C'est dans la douleur que tu mettras des enfants au monde. Tes désirs se porteront vers ton mari, mais lui, il dominera sur toi. '
>
> [17]Il dit à l'homme: ' Puisque tu as écouté ta femme et mangé du fruit au sujet duquel je t'avais donné cet ordre: ' Tu n'en mangeras pas ', le sol est maudit à cause de toi. C'est avec peine que tu en tireras ta nourriture tous les jours de ta vie. … tu es poussière et tu retourneras à la poussière. ' »
>
> Genèse 3:19–23 (LSG)

"... Tes *désirs* se porteront vers ton mari, mais lui, il *dominera* sur toi ..." – *Təšûqâ* (תְּשׁוּקָה) et *māšal* (מָשַׁל)

Dans le contexte de la malédiction, les complémentaristes se disputent souvent autour du terme *təšûqâ* (תְּשׁוּקָה) en Genèse 3:16 et 4:7. L'expression en 4:7 a le sens de « désir, envie, impulsion contre » (ou peut-être « désir de conquérir, désir de dominer »). Et ce sens correspond justement au contexte de Genèse 3:16. « (...) Ton impulsion, ton désir sera contre ton mari ».[40] Susan Foh plaide pour l'énoncé « tu voudras dominer ton mari mais ton mari devrait régner sur toi ». [41]

> « [16]Il dit à la femme: ... Tes désirs (*təšûqâ*) se porteront vers ton mari, mais lui, il dominera (*māšal*) sur toi. »
>
>   Genèse 3:16 (LSG)
>
> « [6]L'Eternel dit à Caïn: ' Pourquoi es-tu irrité ... ? [7]... si tu agis bien, tu te relèveras. Si en revanche tu agis mal, le péché est couché à la porte et ses désirs (*təšûqâ*) se portent vers toi, mais c'est à toi de dominer (*māšal/<u>kurieuō</u>*) sur lui. ' »
>
>   Genèse 4:7 (LSG)
>
> « [10]Je suis à mon bien-aimé et son désir (*təšûqâ*) se porte vers moi. »
>
>   Cantique 7:11 (LSG)

Təšûqâ est un *tris legomenon* (apparaît que trois fois dans la Bible) et est également utilisé dans le Cantique des Cantiques en 7:11, un passage dans lequel son sens est positif : *təšûqâ* est le désir de l'amant envers sa bien-aimée.[42] On peut néanmoins souscrire à l'argument complémentariste selon lequel le sens de Genèse 3:16 est négatif. Cependant, il faut s'éloigner de l'idée d'une rébellion de Adam et Ève contre un ordre gracieux de Dieu où le mari déjà règnerait sa femme. En fait, au lieu d'une relation de shalom fondée sur l'égalité, depuis la chute il s'instaure une concurrence : l'homme essaie de gouverner la femme et la femme à qui cela déplait, essaie de résister et de dominer à son tour sur son mari. Ainsi la chair cède à un état sauvage, par orgueil. Le résultat n'en est que guerre au lieu de paix, à cause de la chair, ce désordre dans l'ordre de Dieu, à cause de la chair. Cette malédiction est la conséquence du péché. La restauration se trouve dans l'idée que les deux doivent régner en harmonie, de manière responsable sur le reste de la création, comme avant la chute. L'évaluation des données bibliques dans cette thèse est donc similaire à celle de Hess, en ce sens que « le texte dépeint alors une lutte des volontés entre hommes et femmes ».[43]

> « [28]Dieu les bénit et leur dit: ' Reproduisez-vous, devenez nombreux, remplissez la terre et soumettez-la! (*kābaš/ katakurieuō*) Dominez (*rādâ/ archō*) sur les poissons de la mer, sur les oiseaux du ciel et sur tout animal qui se déplace sur la terre! ' »
>
> Genèse 1:28 (LSG)

Un autre terme utilisé dans ce contexte est *māšal* (מָשַׁל). Lorsque Dieu dit à Ève en parlant d'Adam : « Et il dominera sur toi » (Genèse 3:16),[44] l'argument complémentariste le traduit par gouverner/ dominer durement et égoïstement. Cependant, *māšal* ne traduit pas nécessairement cette idée. Dans Genèse 4:7, le règne sur la chair a une signification positive qui éloigne de l'égoïsme.[45] Le règne de Joseph sur l'Égypte, en Genèse 45:8 et 46, fut de la même façon une bénédiction. Dans 2 Samuel 23:3, la recommandation induit la règle du roi fondée sur la justice. Quelques complémentaristes utilisent cet argument pour indiquer que l'homme doit régner sur la femme comme un roi juste qui régit son peuple. Genèse 3:16 a certes une signification très négative, cependant, le sens n'est pas que la domination d'Adam sur Ève était autrefois justifiable et qu'elle ne le soit plus aujourd'hui. Le fait est qu'il n'y avait absolument aucune domination d'Adam sur Ève avant la chute.[46] Sans considérer sa fonction dans le discours, *māšal* (מָשַׁל) en 3:16 pourrait servir de coextension synonymique de de *kābaš* (כָּבַשׁ) et *rādâ* (רָדָה). Le LXX a *katakurieu-sate autēs kai archete*[47] pour Genèse 1:28 et *autos sou kurieusei*[48] pour 3:16. Ainsi, l'un des deux verbes utilisés dans 1:28 est repris dans Genèse 3:16. Tandis qu'en Genèse 1:28, la domination de l'homme et de la femme envers la terre s'avère être de nature positive et bienveillante, être une bénédiction, la domination de l'homme sur la femme est de nature négative ; le négatif étant dérivé de la fonction du terme dans le discours. *Māšal* sert donc de coextension antonymique, et indique la destruction des relations de paix entre l'homme et la femme. Au lieu d'un règne commun de paix sous la tutelle de Dieu, l'homme essaie de régner sur la femme, et la femme essaie de résister en s'imposant à son tour autant que possible. La solution consiste à rétablir les relations de paix, et non à maintenir le règne de l'homme sur la femme. Même si l'idée d'un règne bienveillant, comme le suggèrent les complémentaristes, constituerait déjà un progrès par rapport à une domination malveillante, nous n'en sommes pas encore au rétablissement complet de la situation initiale d'égalité. Or celle-ci écarte toute idée de règne, si ce n'est celui de Dieu, sur ces deux êtres et le règne des protagonistes sur le reste de la création.

Un mot de mise en garde contre les conclusions erronées concernant les événements de la Genèse 1–3

Ordre de création et interprétation Biblique intérieure

L'ordre dans le récit de la création, - qui évoque d'abord la création de l'homme, puis celle la femme -, ne légitime pas le leadership masculin (interprétations contra rabbiniques et complémentaristes).[49] S'il y avait là un principe biblique universel, il faudrait alors conclure que Isaac soit plus grand (ait plus de poids) que Jacob, que Hagar soit plus grande qu'Ismaël et que les parents de Paul soient plus grands que

Paul lui-même. Cette lecture de la Genèse est souvent justifiée par l'affirmation selon laquelle l'apôtre Paul lui-même utiliserait l'ordre créationnel comme argument. Mais ce n'est pas parce que Paul revêt en partie son argumentation du langage et de la vision du monde de certains rabbins en 1 Corinthiens 11 (et particulièrement en 11:7–9), - utilisant de facto la rhétorique rabbinique parmi les traditions exégétiques,[50] qu'il défend la position de l'ordre créationnel. Il contrebalancera plus tard cet argument (11:10–12), ce qui est un style courant de correction dans le contexte de la rhétorique rabbinique.

Adam et Ève comme représentation et interprétation Biblique intérieure

Adam est un nom commun signifiant « terre rougeâtre », *'ădāmâ* (אֲדָמָה) en hébreu.[51] L'homme s'appelait Adam parce que l'humanité se désignait ainsi. Dans 1 Corinthiens 15:21, Paul utilise *anthrōpos* (ἄνθρωπος), humanité,[52] et non *anēr* (ἀνήρ), signifiant homme ou mâle. L'Adam de 1 Corinthiens 15:22 désigne alors Adam et Ève en tant que premiers pécheurs et représentants de l'humanité. Il en va de même pour Romains 5:12 (*anthrōpos*) et 5:14 Adam.

> « [21]En effet, puisque la mort est venue à travers un homme (*anthrōpos*), c'est aussi à travers un homme (*anthrōpos*) qu'est venue la résurrection des morts. [22]Et comme tous meurent en Adam, de même aussi tous revivront en Christ. »
>
> ❧ 1 Corinthiens 15:21–22 (LSG)

Paul utilise Ève dans deux textes : 2 Corinthiens 11:3 et 1 Timothée 2:13.[53] Dans 2 Corinthiens 11:3, Ève représente l'Église. Dans 2 Corinthiens 11:3, l'Église, composée de membres masculins et féminins,[54] est induite en erreur au moyen d'une fausse doctrine.[55] La suggestion n'est pas de suivre l'exemple d'Ève, mais d'apprendre de son erreur afin de se protéger contre la fausse doctrine. Adam est utilisé dans les deux cas pour représenter l'ensemble de l'humanité. 1 Corinthiens 15:22 et Romains 5:12[56] n'évoquent aucune différence entre l'homme et la femme, Adam étant le point de départ de la race humaine représentée par les deux êtres. Aussi, la suggestion n'est pas d'imiter Adam et de s'identifier à lui dans le péché. Il s'agit plutôt de s'identifier au dernier Adam, le Christ, afin de vivre dans la sainteté, de s'identifier, hommes et femmes, au Christ. Encore une fois, l'interprète doit être prudent en analysant la manière dont les auteurs bibliques utilisent réellement le texte, car dans les textes pauliniens, les traits masculins et féminins du premier couple ne font aucunement l'objet de commentaires.

« [12]C'est pourquoi, de même que par un seul homme (*anthrōpos*) le péché est entré dans le monde, et par le péché la mort, de même la mort a atteint tous les hommes (*anthrōpos*) parce que tous ont péché. ... [14]Pourtant la mort a régné depuis Adam jusqu'à Moïse, même sur ceux qui n'avaient pas péché par une transgression semblable à celle d'Adam, qui est l'image de celui qui devait venir. »

Romains 5:12, 14 (LSG)

« [3]Cependant, de même que le serpent a trompé Eve par sa ruse, j'ai peur que vos pensées ne se corrompent et ne se détournent de la simplicité vis-à-vis de Christ. »

2 Corinthiens 11:3 (LSG)

« [13]En effet, Adam a été formé le premier, Eve ensuite. »

1 Timothée 2:13 (LSG)

II.

LE SHALOM PAULINIEN -
INTERPRETATIONS DU RÉCIT
DE LA GENÈSE

Paul utilise le récit de la Genèse avant tout parce qu'il est le fondement de toute théologie biblique. Le récit de la chute indique l'origine de toute hérésie et en donne la raison principale : l'orgueil, le désir de dominer l'autre, l'homme sur la femme ou un groupe sur l'autre. Le chapitre suivant analyse l'interprétation du shalom paulinien dans les récits de la Genèse, dans 1 Timothée 2:12–15 et 1 Corinthiens 11:2–16.

L'utilisation paulinienne du récit de la Genèse en 1 Tim 2:12–15

Principes généraux du texte

L'*epilogos*/la conclusion de Paul en 1 Timothée commence au verset 6:2b. L'essentiel de son argument est que le faux enseignement, - peu importe s'il est véhiculé par des femmes ou par des hommes -, doit être corrigé afin de faire l'expérience de la paix que l'Esprit Saint communique à tous ceux qui collaborent avec lui. Les principes généraux énoncés ici par Paul sont des principes bibliques universels qui s'appliquent aussi bien aux hommes qu'aux femmes. Paul s'oppose à l'orgueil et suggère d'adopter une attitude humble en laissant sa vie être dominée par l'Esprit.

La nature situationnelle du texte

Les faux docteurs provoquaient des conflits et des disputes sur des questions sans importance (1 Timothée 1:4–6; 6:4–5; voir 2 Timothée 2:14, 16–17, 23–24; Tite 1:10; 3:9–11). Ils essayaient d'imposer l'abstinence de certains aliments, du mariage et des relations sexuelles en général (1 Timothée 4:1–3), et se sont acquis de nombreux adeptes (1 Timothée 5:15; 2 Timothée 3:6–7).[57] 1 Timothée 2 témoigne d'un groupe de femmes présentes dans les Églises d'Éphèse au premier siècle de notre ère. Celles-ci dérangent les Églises en enseignant de fausses doctrines pendant que Paul est absent et que Timothée est parti pour mettre de l'ordre dans les affaires ecclésiales.

« [12]Je ne lui permets pas (*epitrepō*) d'enseigner (*didaskō*), et de dominer (*authenteō*) sur l'homme, mais je lui demande de garder une attitude paisible. [13]En effet, Adam a été formé le premier, Ève ensuite. [14]Et Adam n'a pas été trompé, alors que la femme, trompée, s'est rendue coupable d'une transgression. [15]Cependant, elle sera sauvée (*sōzō*) en ayant des enfants (*teknogonia*), si elle persévère avec simplicité dans la foi, l'amour et la progression dans la sainteté. »

1 Timothée 2:12–15 (LSG - adapté)

« ... Enseigne ces choses et recommande-les. [3]Si quelqu'un enseigne une autre doctrine et ne s'attache pas aux saines paroles de notre Seigneur Jésus-Christ et à l'enseignement qui est conforme à la piété, [4]il est aveuglé par l'orgueil, il ne sait rien, il a la maladie des controverses et des querelles de mots. C'est de là que naissent les jalousies, les disputes, les calomnies, ... »

1 Timothée 6:2c–4 (LSG)

Paul demande à Timothée, en tant que dirigeant (*diakonos*/ διάκονος), de gérer les Églises de maison locales et d'encadrer leurs dirigeants locaux (*presbyteroi* [πρεσβύτεροι]/ *episkopoi* [ἐπίσκοποι]). Une meilleure harmonie, plus intense, devrait être atteinte en permettant aux bonnes personnes d'enseigner et en empêchant aux mauvaises de le faire. À ce stade, nous sommes en désaccord avec Douglas Moo, qui présuppose à tort, à l'unisson avec Timothy Foster,[58] que les faux enseignants sont tous des hommes et, qu'il ne soit pas garanti que 1 Timothée 2:12–15 concerne de fausses enseignantes. Mais l'on pourrait rétorquer que ces interprètes ne considèrent pas 1 Timothée dans son intégralité, car les chapitres 3, 4 et 5 mentionnent tout aussi bien des femmes qualifiées pour l'enseignement, qu'un groupe de femmes aux antipodes des critères requis pour pouvoir dispenser des enseignements.

Paul souligne explicitement qu'un groupe de jeunes veuves constituent un des groupes de faux enseignants connus à Éphèse et dans ses environs.[59] Elles voulaient faire vœu de célibat tout en étant trop faibles pour respecter des choix aussi drastiques (5:11–12).

> « [11]Par contre, écarte de la liste les jeunes veuves, car lorsque leurs désirs les dressent contre Christ, elles veulent se remarier [12]et se rendent ainsi coupables d'avoir rompu leur engagement initial. »
>
> ◊ 1 Timothée 5:11–12 (LSG)

Selon 1 Timothée, les femmes sont appelées à devenir des aînées et par conséquent, se doivent d'enseigner.[60] Elles peuvent aussi devenir ministres de l'évangile (*diakonos*/ διάκονος).[61] Le terme *diakonos* est également lié à l'enseignement (voir chp. III).[62] Paul établit ainsi que c'est avant tout le contenu du message et l'attitude du cœur et le genre qui déterminent si une personne peut enseigner ou non dans l'Église, et non son genre. Il recommande donc que les veuves de plus de 60 ans remplissant ces conditions, puissent être soutenues financièrement et bien instruites par l'Église.[63] En revanche, les jeunes veuves (5:11) qui ne sont pas encore suffisamment instruites pour bien enseigner, et dont la doctrine et le comportement destructeur inquiètent les différetes Églises de maison d'Ephèse au moment de la rédaction (5:13), ne doivent en aucun cas être soutenues financièrement par l'Église (5:16).

> « [13]De plus, étant désœuvrées, elles prennent l'habitude d'aller de maison en maison. Et non contentes d'être désœuvrées, elles se montrent encore bavardes et indiscrètes en parlant de ce qu'il ne faut pas. [14]Je veux donc que les jeunes veuves se marient, qu'elles aient des enfants, qu'elles dirigent leur maison, qu'elles ne donnent à l'adversaire aucune occasion de dire du mal de nous. [15]En effet, certaines se sont déjà détournées pour suivre Satan. [16]Si un croyant, homme ou femme, a des veuves dans sa famille, qu'il les assiste et que l'Église n'en ait pas la charge, afin qu'elle puisse aider celles qui sont vraiment veuves. »
>
> 1 Timothée 5:13–16 (LSG)

Ces dernières se doivent de chercher un mari (5:11, 14), s'occuper de leur propre foyer et doivent grandir jusqu'à ce qu'elles atteignent un niveau de maturité suffisant pour vivre selon la bonne doctrine. Ensuite, elles pourront à leur tour enseigner aux autres, le résultat menant vers la paix avec Dieu et avec les autres. Les complémentaristes aiment à soutenir que le groupe de jeunes veuves se serait bel et bien exprimé dans l'Église, sans pour autant y avoir enseigné.[64] Ainsi, l'interdiction d'enseigner ne pourrait faire référence à elles. Mais ces interprètes semblent négliger que, déjà dans son introduction, Paul fustige les faux enseignements de ceux qui passent leur temps à discuter sans cesse de généalogies et mythes et consacrent leur journée à des paroles creuses, *mataiologia* (ματαιολογία in 1:7). Ceci semble très similaire à l'attitude des jeunes veuves, ce que Paul qualifie également par « fausses doctrines » (1:3). En effet, *phlyaros* (φλύαρος) dans 5:13

est une co-extension synonymique de *mataiologia* (ματαιολογία) en 1:6. Moo soutient également que Paul corrigerait le faux enseignement sur la position de la femme en rappelant sa position traditionnelle en 2:12.[65] Ceci étant, ces propos sont contraires à ce que nous apprend le même document, 1 Timothée : ils contredisent les encouragements de Paul envers les femmes dirigeantes. C'est un certain type de femmes qui ne devrait pas enseigner. Paul établit des critères pour sélectionner les bons enseignants et des critères pour rejeter ceux qui ne sont pas dignes d'enseigner.[66] La déclaration de Paul n'est donc pas de portée universelle. Ces critères sont spécifiquement identifiés au chapitre 5.

> « [13]Et non contentes d'être désœuvrées, elles se montrent encore bavardes (*phlyaros*), et indiscrètes en parlant de ce qu'il ne faut pas. »
>
> ⚘ 1 Timothée 5:13 (LSG)
>
> « [3]À mon départ pour la Macédoine, je t'ai encouragé à rester à Ephèse pour donner instruction à certaines personnes de ne pas enseigner d'autres doctrines … [6]Certains se sont écartés de cette ligne et se sont égarés dans des *discours creux* (*mataiologia*). »
>
> ⚘ 1 Timothée 1:3, 6 (LSG)

« Je ne lui permets pas d'enseigner … » – Epitrepō (ἐπιτρέπω)

Epitrepō (ἐπιτρέπω) apparaît dans 1 Timothée 2:12: « Je n'autorise pas (*epitrepō/* ἐπιτρέπω) à une femme d'enseigner ou d'exercer une autorité sur un homme ». *Epitrepō* est utilisé 18 fois dans le NT, seulement de manière circonstancielle, avec ou sans l'adverbe circonstanciel (Matthieu 8:21; Marc 5:13; Luc 8:32; 9:59, 61; Jean 19:38; Actes 21:39, 40). Le verbe est également utilisé au présent de manière circonstancielle (Actes 26:1; Hébreux 6:3).

« ⁷Il leur répondit: ' C'est à cause de la dureté de votre cœur que Moïse vous a permis (*epitrepō*) de divorcer de vos femmes; au commencement, ce n'était pas le cas. »

   Matthieu 19:8 (LSG) → *casuistique*

« ²Si tu achètes un esclave hébreu, il servira six années, mais la septième il sortira libre, sans rien payer. »

   Exode 21:2 (LSG) → *casuistique*

« ³Tu n'auras pas d'autres dieux devant moi. ⁴Tu ne te feras pas de sculpture sacrée ... ⁵Tu ne te prosterneras pas devant elles. »

   Exode 20:4–5 (LSG) → *apodictique*

Epitrepō est dans tous les cas utilisé clairement de manière circonstancielle. Même la référence à la loi de Moïse (Matthieu 19:8; Marc 10:4) est circonstancielle puisqu'elle fait partie de la loi *casuistique* et non de la loi *apodictique*. 1 Timothée 2:12 et 1 Corinthiens 14:34 tombent dans la même catégorie malgré le fait que seuls ces deux textes du NT sont parfois considérés comme ayant une valeur absolue. Mais ils fonctionnent clairement dans le contexte de problèmes concrets à résoudre.

« ³⁴Lque vos femmes se taisent dans les assemblées, car il ne leur est pas permis d'y parler, mais elles doivent se soumettre, comme le dit aussi la loi. »

   1 Corinthiens 14:34 (LSG)

Paul écrit des instructions à Timothée et aux dirigeants de l'Église de Corinthe pour qu'ils s'attèlent à prendre des mesures qui conduiront les Églises qui traversent des troubles, vers la paix. Ces instructions peuvent donc être comparées, si on les considère comme des lois, aux lois *casuistiques* de Moïse. Si l'on visualise concrètement les circonstances problématiques causées par ce groupe de femmes, on peut faire le parallèle avec Romains 16:1, où Phoebe est envoyée pour prêcher à Rome ; ou 1 Corinthiens 5, où le rebelle impénitent doit être expulsé de la pâte. *Epitrepō* (πιτρέπω) n'est donc jamais utilisé de manière gnomique dans le NT, c'est-à-dire dans un sens absolu.

Berckeley Mickelsen[67] a démontré, à partir de la construction *anarthrous* (sans article), qu'en 1 Timothée 2:12–13, Paul parle des femmes non-exemplaires. Dans ce passage, Paul ne parle pas des femmes en tant que groupe opposé aux hommes. Le point essentiel est l'humilité par opposition à l'orgueil qui conduit *authentein* (αὐθεντεῖν) : une tentative de domination des hommes par l'enseignement, qu'il soit bon ou faux, mais empreint d'une mauvaise attitude. Notre cas présente une mauvaise attitude et un mauvais enseignement à la fois. Le groupe de femmes est ensuite défini au chapitre 4, comme celui des jeunes veuves. Elles ont et la mauvaise attitude et le mauvais enseignement. Elles doivent donc être enseignées avant d'être autorisées à enseigner aux autres.

Authenteō (αὐθεντέω)

Il existe un consensus clair dans les dictionnaires grecs selon lequel *authenteō* (αὐθεντέω) communique l'idée de « dominer », « régner sur », « exercer de l'autorité sur »,[68] « donner des ordres à »,[69] « dicter », avec ses dérivés *authentēs* (αὐθέντης : « maître »), et *authentikos* (αὐθεντικός : « original »).[70]

Linda Belleville plaide en faveur de la possibilité d'un sens neutre voire positif de *authenteō*, ce qui n'affaiblit pas la position égalitarienne. En effet, il n'en demeure pas moins que les faux enseignants ne devraient pas enseigner, qu'ils le fassent avec autorité ou par séduction.[71] Grenz conclut à juste titre que la décision finale sur la signification de *authenteō* doit être déterminée par le contexte immédiat, qui ici est négatif.[72] De même, Davis et Belleville trouvent des significations essentiellement négatives pour *authenteō* et ses dérivés dans la Scholie, la tragédie d'Eschyle Eumenides, mais aussi chez les écrivains grecs tels que Aristonicus, Tryphon, Philodemus et Dorotheus.[73]

> « [12]Je ne lui permets pas d'enseigner et de dominer (*authenteō*) sur l'homme, mais je lui demande de garder une attitude paisible. »
>
> ◊ 1 Timothée 2:12 (LSG)

Même s'il n'est pas possible d'exclure une signification potentiellement neutre ou positive de *authentein*, le problème commun aux faux enseignants reste bien, dans la pensée de Paul, la mauvaise attitude et le mauvais objectif. Le but que tous les enseignants en Christ devraient poursuivre est celui d'intensifier les relations de paix avec Dieu et avec les personnes. 1 Timothée oppose à la fois les motivations et les attitudes comme critères de détermination pour les bons et les mauvais enseignants. Les bons enseignants ont une attitude humble et aimante, et un désir de servir, tandis que les faux enseignants ne désirent que dominer les autres par leur enseignement. L'utilisation contextuelle de *authentein* est donc clairement négative, bien que le champ sémantique n'exclue pas nécessairement un sens neutre voire positif. Ainsi en est-il pour les termes dérivés tels que *authentes* (αὐθεντης), maître, auteur, αὐθεντία, domination absolue et autorité. Tous renvoient à *authos* et indiquent l'égocentrisme et le placement au-dessus de l'autre. L'attitude correspond à la manière dont Paul décrit les faux enseignants, et ainsi *authentein*, confirme à la fois la connotation négative et le lien à ce groupe de femmes que Paul qualifie de « faux enseignants » dans 1 Timothée 2.

L'argument du texte

L'idée dans 1 Timothée 2:12 est alors qu'une femme ne devrait pas essayer de dominer un homme et agir comme si elle avait été créée en premier. L'argument, similaire à 1 Corinthiens 11, est alors que la femme n'est pas l'origine de la bonne doctrine mais de l'hérésie, selon le récit de la Genèse.[74] Elle ne devrait donc pas prétendre être à l'origine de la sagesse de Dieu. L'argument n'est pas que l'homme ait le droit de dominer la femme (ni le mari envers sa femme, ni même l'homme envers la femme dans le cadre de l'Église) parce qu'il a été créé le premier, et parce qu'il est à l'origine de la bonne doctrine. Ève en 1 Timothée 2:13 et 2 Corinthiens 11:2 est métaphoriquement utilisée comme contre-exemple pour caractériser l'Église induite en erreur par de faux enseignements parce qu'elle n'a pas passé suffisamment de temps à s'édifier pour y résister. Désabusée, elle abuse à son tour les autres. Éphèse connait le même dénouement. Il est primordial d'être enseigné par la bonne doctrine pour enseigner la bonne doctrine.

> « ³Cependant, de même que le serpent a trompé Eve par sa ruse, j'ai peur que vos pensées ne se corrompent et ne se détournent de la simplicité et de la pureté vis-à-vis de Christ. »
>
> 2 Corinthiens 11:3 (LSG)
>
> « ¹³En effet, Adam a été formé le premier, Eve ensuite. ¹⁴Et Adam n'a pas été trompé, alors que la femme, trompée, s'est rendue coupable d'une transgression.»
>
> 1 Timothée 2:13–14 (LSG)

Ainsi, le texte corrige l'attitude orgueilleuse (1 Timothée 6:4) d'un groupe de femmes à Éphèse au moment de la rédaction du texte. De plus, les références aux vêtements et aux coiffures ne constituent guère une règle universelle, dans la mesure où la valeur communiquée par l'apparence physique, l'habillement et les coiffures, est déterminée par la culture et varie amplement d'une culture à l'autre. Le principe universel demeure l'attitude du cœur. Les hommes comme les femmes doivent adopter une attitude humble envers l'autre sexe. Le fait qu'une femme puisse être utilisée par le Saint-Esprit ne devrait pas la conduire à se sentir supérieure à l'homme et à abuser de la puissance de Dieu pour flatter son égo. Le principe est valable aussi pour l'homme. 1 Timothée 2:12–15 fait partie du principal problème exposé dans 1 Timothée, à savoir comment accroître la paix dans les relations en encourageant un enseignement de qualité, que les enseignants doivent d'abord s'auto-appliquer avant de les dispenser à l'Église. L'harmonie est atteinte en considérant les membres du sous-groupe (l'autre sexe, le groupe ethnique, le groupe d'âge, la classe sociale) comme faisant partie du nouvel et même ensemble, c'est-à-dire comme membre du même corps du Christ.

> « ³Si quelqu'un enseigne une autre doctrine et ne s'attache pas aux saines paroles de notre Seigneur Jésus-Christ et à l'enseignement qui est conforme à la piété, ⁴il est aveuglé par l'orgueil, il ne sait rien, il a la maladie des controverses et des querelles de mots. C'est de là que naissent les jalousies, les disputes, les calomnies, les mauvais soupçons, ⁵les discussions violentes entre des hommes à l'intelligence corrompue, privés de la vérité, qui croient que la piété est une source de profit. [Eloigne-toi de telles personnes.]... »
>
> ⚲ 1 Timothée 6:4 (LSG)

Les mêmes interprètes qui ont traduit 1 Timothée 2:12 par l'interdiction universelle de l'enseignement des femmes, doivent, pour rester cohérents sur le plan herméneutique, lire 1 Timothée 2:15 comme étant également un principe universel. Aussi, l'idée que chaque femme soit « sauvée (*sōzō*) par la procréation (*teknogonia*) » est en effet une lecture grotesque. Il semble absurde d'attacher le salut spirituel d'une femme à sa capacité de procréer. Comment pourrions-nous être sûrs du salut de nos sœurs stériles ou célibataires en Christ? Il a été communément suggéré par les complémentaristes que ce texte enseigne que les femmes sont sauvées spirituellement si elles remplissent leurs rôles domestiques, se soumettent avec joie à leurs maris et répondent à leur vocation de mères (spirituelles), ce qui serait une preuve de leur foi et non une justification par les œuvres.[75] Des partisans des deux camps s'allient sur l'idée que les femmes sont « protégées au travers la procréation ».[76] Pour Craig S. Keener, « la façon la plus naturelle pour le lecteur ancien d'avoir compris le 'salut' dans le contexte de l'accouchement, aurait été d'accoucher en toute sécurité, car les femmes faisaient régulièrement appel à des divinités protectrices (comme Artemis ou Isis) lors de l'accouchement. Le péché d'Ève était directement lié à la malédiction d'un accouchement difficile dans Genèse 3:16 et, dans la tradition juive, l'idée a été développée jusqu'à y inclure la mort liée l'accouchement. » (trad. de l'anglais)[77] Il pourrait s'agir, théoriquement, d'une éventuelle explication du texte, mais la probabilité est faible, en raison notamment de son caractère *ad hoc* : l'explication ne prend pas en compte tous les éléments du texte. Par exemple, Keener n'explique pas comment 2:15 fonctionne en tant que partie intégrante de l'argument général du document. Certains soutiennent que ce texte fait référence à la naissance du Christ par Marie (par ex. Philip Baron Payne). Mais 1 Timothée 2:15 ne peut signifier que le salut provient de Jésus, l'enfant que Marie a eu, parce que la condition au salut n'est pas seulement l'enfantement, mais « si elle persévère avec modestie dans la foi, dans la charité, et dans la sainteté. » (1 Timothée 2:15; *ean meinōsin en pistei kai agapē kai agiasmō meta sōphrosunēs*).[78] 1 Timothée 2:15 utilise le singulier *sōthēsetai* (σωθήσεται de *sōzō*/σῴζω) se référant au singulier de *gynē* au verset 14. Cependant, cela ne peut concerner le salut d'Ève ou de Marie donnant naissance au Sauveur Jésus, parce que le pluriel *ean meinōsin* (ἐάν μείνσσιν) se réfère au groupe de femmes également caractérisé par un nom singulier dans le v. 12. Par conséquent, le pluriel ne fait probablement pas référence à Ève, mais aux jeunes veuves et fausses enseignantes d'Éphèse au moment de la rédaction.

> « [12]Je ne permets (*epitrepō*) pas à la femme (*gunē* [sg.]) d'enseigner (*didaskō*), ni de prendre de l'autorité (*authenteō*) sur l'homme; mais elle doit demeurer dans le silence.
>
> [13]Car Adam a été formé le premier, Eve ensuite;
>
> [14]et ce n'est pas Adam qui a été séduit, c'est la femme (*gunē* [sg.]) qui, séduite, s'est rendue coupable de transgression.
>
> [15]Elle sera néanmoins sauvée (*sōzō*) en ayant des enfants (*teknogonia*) si elle persévère avec modestie dans la foi, dans la charité, et dans la sainteté.
>
> ⚘ 1 Timothée 2:12–15 (LSG)

Une meilleure interprétation des données serait de considérer les propres données de Paul dans 1 Timothée 5, dans lesquelles cas un enseignement juste constitue un moyen de salut. Ici, les jeunes veuves et faux docteurs peuvent être sauvées en arrêtant de détruire l'Église par un faux enseignement, en se mariant, et en obtenant leur propre pain quotidien par leur mari et non par l'Église ; en passant leur temps à élever des enfants et en venant à l'Église pour être enseignées avant d'enseigner à nouveau. Cela sauvera à la fois l'Église et les faux docteurs qu'elles sont, car il n'y a que très peu d'espoir pour ceux qui détruisent l'Église de Dieu. En effet, *sōzō* (σώζω) est utilisé 4 fois dans 1 Timothée 1:15, 2:4, 15 et 4:16. Les quatre textes présentent la bonne doctrine sur Jésus-Christ comme moyen de salut pour les hommes et les femmes, à commencer par Paul et Timothée.

> « ¹⁵C'est une parole certaine et entièrement digne d'être reçue, que Jésus Christ est venu dans le monde pour sauver (*sōzō*) les pécheurs, dont je suis le premier. »
>
> « ⁴… qui veut que tous les hommes soient sauvés (*sōzō*) et parviennent à la connaissance de la vérité. »
>
> « ¹⁶Veille sur toi-même et sur ton enseignement; persévère dans ces choses, car, en agissant ainsi, tu te sauveras (*sōzō*) toi-même, et tu sauveras (*sōzō*) ceux qui t'écoutent. »
>
> 🕮 1 Timothée 1:15; 2:4; 4:16 (LSG)

La fausse doctrine quant à elle, mène vers la mort et l'absence de salut pour ceux qui la prêchent et ceux qui l'écoutent. Dans 1 Timothée 2:15 le salut a lieu par *teknogonia* (τεκνογονία) : si les jeunes veuves faussement instruites suivent le conseil de Paul en se mariant, en percevant leurs revenus par l'intermédiaire de leur mari, et si elles ne perdent pas leur salut en détruisant l'Église par de faux enseignements, elles seront elles-mêmes sauvées à condition qu'elles permettent au Saint-Esprit de transformer leur vie. En d'autres termes, il faut qu'elles agissent comme des agneaux au lieu de ravir comme des loups (Actes 20; Ésaïe 11). Il ne s'agit pas là d'un salut par les œuvres, mais par soumission et par collaboration avec l'Esprit, dont la grâce est nécessaire. Il n'y a pas de salut sans une marche avec et par l'Esprit, car le salut est une relation de shalom avec Dieu, en Christ et par l'Esprit. Il n'y a pas de salut en dehors d'une telle relation, un salut non par les œuvres, mais par pure grâce. Un salut rendu possible uniquement parce que l'œuvre de l'Esprit applique une fois pour toutes aux hommes l'œuvre rédemptrice du Christ.

1 Timothée 4:16 est très explicite à ce propos. Le passage explique que Timothée lui-même obtient le salut par son enseignement de la

bonne doctrine, ce qui permet à ceux qui l'écoutent attentivement et appliquent son enseignement d'être à leur tour sauvés (Ézéchiel 33:9). Dans le NT, ce fait est régulièrement mis en contraste avec la malédiction divine qui frappe non seulement ceux qui enseignent faussement mais aussi ceux qui suivent ce faux enseignement.

> « ⁷Et toi, fils de l'homme, je t'ai établi comme sentinelle sur la maison d'Israël. Tu dois écouter la parole qui sort de ma bouche, et les avertir de ma part. ⁸Quand je dis au méchant: Méchant, tu mourras! si tu ne parles pas pour détourner le méchant de sa voie, ce méchant mourra dans son iniquité, et je te redemanderai son sang.
> ⁹Mais si tu avertis le méchant pour le détourner de sa voie, et qu'il ne s'en détourne pas, il mourra dans son iniquité, et toi tu *sauveras* ton âme. »
>
> Ézéchiel 33:7–9 (LSG)

En fait, les mêmes exigences et critères qui s'appliquaient à Timothée, s'appliquent par la suite aussi aux femmes, car il n'y a pas de différences entre les hommes et les femmes en ce qui concerne les exigences du ministère. Les critères de sélection de *diakonoi* (διάκονοι) et de *presbyteroi* (πρεσβύτεροι), valables tant pour les hommes que pour les femmes, rendent cette donne manifeste. Le seul point de différence se trouve dans le fait qu'un homme *diakonos* ou *presbyteros* doit être marié à une femme et non à un homme, et qu'une femme *diakonos* ou *presbyteros* (la forme masculine peut également être utilisée pour le féminin si le contexte est suffisamment clair), doit être mariée à un homme, et non à une femme. En revanche, le dénominateur commun à tous se trouve dans l'exigence de n'être marié qu'à une seule personne. Les jeunes veuves sont donc, dans 1 Timothée 5:11–15, de faux docteurs. Il n'y a donc aucun danger pour les femmes sans enfants qui se comportent bien, ni pour les veuves âgées qui enseignent bien. Elles ne sont pas attaquées par Paul mais au contraire félicitées. 1 Timothée 4:1 indique explicitement que la bonne doctrine est communiquée par l'Esprit de Dieu, tandis que les fausses doctrines proviennent des mauvais esprits.

Priscille à Éphèse

Les complémentaristes aussi admettent que Priscilla aurait pu être encore à Éphèse à l'époque des faits. Ils souhaitent ainsi mettre en lumière que le problème des femmes enseignantes n'a pas attrait au niveau d'éducation des femmes dans le monde grec du premier siècle, généralement inférieur à celui des hommes, mais soulignent que l'ordre créationnel interdise aux femmes d'enseigner ou de prendre autorité sur des hommes.[79] En réaction à cela, observons que Prisca (ou Priscilla) à partir du moment où elle quitte Corinthe, est toujours mentionnée la première dans le récit, lorsqu'elle est évoquée avec son mari. Cela indique la hauteur de sa position en tant que leader de l'Église à partir de leur séjour dans cette ville.[80] Deuxièmement, Luc explique clairement en Actes 18 qu'Aquilas et Priscilla enseignaient tous deux à l'évangéliste Apollos, qui était indiscutablement un homme. La distinction entre enseignement public et enseignement privé ne tient pas compte du phénomène social des Églises de maison du premier siècle. La situation typique consiste en ce que les dirigeants de l'Église mettent leur maison à disposition afin de réunir l'Église. Ils se trouvent à la fois dans une maison privée et dans un lieu public avec un nombre variable de personnes, pouvant parfois inclure des nouveaux arrivants. Aucun auteur biblique ne mentionne de distinction entre les réunions d'ordre privées et celles d'ordre publiques. *Proslambaneto* (προσελάβοντο) dans Actes 18:26 n'indique probablement pas de prendre Apollos à l'écart, mais de l'inviter, de l'accueillir dans leur Église de maison où il recevrait des instructions complémentaires au lieu de continuer à son compte au sein des synagogues. Apollos n'avait pas encore été membre d'une Église de maison à Éphèse, mais enseignait en tant que disciple du

Christ dans la synagogue. La coextension antonymique de Actes 18:26 ne consiste pas en ' publique ' versus ' privée ', mais en ' synagogue ' versus ' Église de maison '. ' Prendre à côté ', *proslambanō* (προσλαμβάνω), est aussi utilisé dans ce sens, par exemple dans Romains 14:1, 3; 15:7 et Philémon 12 (*varia lectio* 17).

> « ⁷Il [Apollos] se mit à parler librement dans la synagogue. Aquilas et Priscille, l'ayant entendu, le prirent avec eux (*proslambanō*), et lui exposèrent plus exactement la voie de Dieu. »
>
> Actes 18:26 (LSG)
>
> « ⁷Faites accueil (*proslambanō*) à celui qui est faible dans la foi, et ne discutez pas sur les opinions. »
>
> Romains 14:1 (LSG)
>
> « ⁷Accueillez-vous (*proslambanō*) donc les uns les autres, comme Christ vous a accueillis, pour la gloire de Dieu. »
>
> Romains 15:7 (LSG)
>
> « ¹⁰Je te prie pour mon enfant, que j'ai engendré étant dans les chaînes, Onésime, ¹¹qui autrefois t'a été inutile, mais qui maintenant est utile, et à toi et à moi. ¹²Je te le renvoie lui, mon propre coeur [d'acceuil; *proslambanō*].»
>
> Philemon 12 (LSG - adapté + [varia lectio])

Priscilla devient alors un exemple latent de femme enseignante à Éphèse. Elle respectait l'ordre de la création en enseignant avec un cœur humble et aimant ; elle était capable, grâce à une bonne maîtrise de la doctrine, de corriger les hommes dans l'erreur, le tout étant assistée par son mari, qui était alors d'une aide précieuse. Malgré un leadership ecclésial tenu par Priscilla, elle et son mari ont harmonieusement vécu et servi Dieu ensemble, conduits par l'Esprit.

L'utilisation paulinienne du récit de la Genèse dans 1 Corinthiens 11

Principes généraux du texte

1 Corinthiens 11:2–16 est un autre exemple pointant vers le but principal de Paul en matière de communication : collaborer avec le Saint-Esprit afin que les conflits dans les Églises où Paul sert puissent être surmontés et que le shalom soit expérimenté. Dans ce passage, le conflit a lieu entre l'homme et la femme. Paul commence son argumentation en se référant à la fois aux traditions juive et grecque. Il est conscient qu'on ne peut changer l'injustice des structures sociales d'un tour de main, mais il se revêt de la patience de l'Esprit saint pour provoquer un changement dans les mentalités, c'est à dire en invitant les fidèles à permettre à l'Esprit saint de transformer leur façon de penser. La tradition juive offre une interprétation du récit de la création qui soutient la domination générale des hommes sur les femmes et particulièrement au sein du ménage.[81]

> « [3]Je veux cependant que vous sachiez que Christ est la tête (*kephalē*) de tout homme, que l'homme est la tête (*kephalē*) de la femme, et que Dieu est la tête (*kephalē*) de Christ. [4]Tout homme qui prie ou qui prophétise, la tête (*kephalē*) couverte, déshonore sa tête. (*kephalē*). [5]Toute femme, au contraire, qui prie ou qui prophétise, la tête (*kephalē*) non voilée, déshonore sa tête (*kephalē*), c'est comme si elle était rasée. ...
> [8]En effet, l'homme n'a pas été tiré de la femme, mais la femme a été tirée de l'homme (l'idée de la source/de l'origine, *rō'š*). ... »

> « ... [9]et l'homme n'a pas été créé à cause de la femme, mais la femme a été créée à cause de l'homme. [10]C'est pourquoi la femme doit avoir sur la tête une autorité (*exousia*) à cause des anges. [11]Toutefois, dans le Seigneur, la femme n'est point sans l'homme, ni l'homme sans la femme. [12]Car, de même que la femme a été tirée de l'homme, de même l'homme existe par la femme (l'idée de la source/de l'origine, *rō'š*), et tout vient de Dieu. »
>
> 1 Corinthiens 11:3–5, 8–12 (LSG - adapté)

Cela correspond également au patriarcat grec, qui ne s'appuie pas nécessairement sur le récit de la Genèse,[82] bien que l'établissement d'arguments sur la base d'un récit de la création soit courant.[83] Paul utilise le même récit pour agréer la thèse de l'origine ou de la source. En effet, Ève vient d'Adam, mais Paul nuance l'argument : pour lui, cela ne doit pas signifier que l'homme doit être le patron de la femme. Sinon, le fait que tous les hommes, à l'exception d'Adam, proviennent d'une femme, amènerait à la conclusion que la femme est supérieure à l'homme. Ce n'était certainement pas dans l'intention des hommes de Corinthe de faire valoir ce dernier argument. Aussi, l'argument de l'origine en tant qu'indicateur de supériorité est mené *ad absurdum* et traité comme *non-sequitur*. La femme est investie de l'autorité du Christ pour parler sous la conduite du Saint-Esprit et donner des instructions à toute l'Église. Néanmoins, elle doit continuer à honorer son mari en portant le voile traditionnel comme signe de distinction sexuelle. En effet, le culturel entre également en jeu. Bien qu'il n'y ait pas d'accord sur les normes culturelles précises quant au port du voile, la coupe de cheveux et le style ni chez les Romains, ni chez les Grecs et les Juifs,[84] le texte de Paul, lui, indique que le port du voile dans les réunions d'Église de l' ère corinthienne, rendrait honneur au mari. En revanche le fait de ne pas le porter le couvrirait de honte. Voilà la raison pour laquelle la femme est encouragée à porter le voile dans ce contexte, et poursuivre des relations de shalom dans ce contexte. A chaque fois que, dans une culture donnée, le vêtement indique une distinction entre les sexes, ces codes doivent être respectés dans l'intérêt de l'évangile et pour le maintien de la paix dans l'Église. Il est recommandé à la femme à ne pas tenter de rompre la structure familiale au risque d'empêcher la pérennisation de la paix. En ce sens, la femme doit continuer à honorer son mari, tel que le conçoit la culture grecque, et le mari doit reconnaître l'autorité du Christ délégué à sa femme au sein de l'Église. En effet, le Saint-Esprit, peut permettre à cette dernière de transmettre un message au nom de Dieu ; message qui après évaluation, doit être appliqué.

L'argument du texte

Paul commence son argumentation en se référant aux traditions[85] qu'il a communiquées à l'Église. Il les félicite d'avoir suivi ces traditions comme lui l'a fait. Ensuite, Paul introduit un jeu de mots avec *kephalē* (κεφαλὴ), qui a le sens littéral de « tête » et porte le sens métaphorique de « prééminence » ou « origine » ou « commencement ». Paul ne veut pas dire ici que le Père est l'autorité du Christ, mais que le *theos* (θεός) est le point de départ du Christ dans la révélation. En ce qui concerne le ministère terrestre du Christ, il y a soumission au Père, mais, dans l'éternité, le Fils et le Père sont entièrement co-égaux.[86] Par conséquent, *kephalē* n'a pas pour fonction d'indiquer un leadership inconditionnel et éternel dans le sens de « supériorité », de « priorité » ou de « pouvoir sur ». Néanmoins, l'homme est *kephalē* de la femme, ce qui signifie dans une culture *pater familias*[87] qu'elle est subordonnée à l'homme, ce qui doit être respecté pour le but de maintenir la paix.[88] Cependant, l'argument de Paul est lié au récit de la création et implique d'autres nuances de sens. *Kephalē* est la traduction de *rōʾš* (ראשׁ) dans le récit de la Genèse. Dieu est l'origine de toutes choses. Plus tard, Christ est révélé, bien qu'en réalité il soit éternellement avec Dieu et qu'il soit Dieu lui-même. L'origine/la source de la femme est l'homme parce qu'elle est tirée de lui, bien qu'il n'y ait pas de subordination éternelle ni de supériorité par création. L'ordre chronologique fait la thèse d'une diversité de traditions. Paul, rabbin, ne connaît que trop bien l'argumentation juive[89] et est ainsi en mesure de distinguer, sur des bases exégétiques, la partie qu'il agréera et nuancer la partie qu'il réfute. La femme doit en effet continuer à respecter son mari, au risque de troubler la paix du ménage, mais cela exclut le fait qu'elle ne puisse être l'instrument de l'Esprit pour donner à l'Église des instructions qui valent comme parole de Dieu (après évaluation) et doivent être appliquées dans une humble soumission. Le judaïsme se base sur le récit de la Genèse, là où les Grecs l'écartent. Paul emmène ses lecteurs juifs et (principalement) grecs au fil du récit, et les accompagne, en partant de leurs propres convictions et raisonnements, vers un nouvel horizon de compréhension. Paul utilise cet ordre chronologique ici et dans 1 Timothée 2 pour décourager les femmes face à la tentation de dominer et de devenir irrespectueuses envers les hommes, que ce soit dans l'Église où à la maison. Les femmes doivent, autant que les hommes, garder une attitude d'humilité. Toutefois le verset 4 vient contrer une partie de la tradition juive. Alors que, dans l'AT, le prêtre doit se couvrir la tête à certaines occasions en gage de respect envers Dieu selon une pratique largement répandue dans le judaïsme rabbinique cela est loin d'être le cas en Grèce. Pour des raisons culturelles, il est plutôt honteux pour des hommes Grecs de se couvrir la tête lorsqu'ils prient.[90] Nous avons ici un conflit manifeste de traditions culturelles, et Paul donne ici la priorité à la tradition grecque. Ici, notons que les Juifs ne constituent qu'une petite minorité et s'adaptent plus facilement à la culture grecque que dans les zones où ils sont majoritaires. Ils vivent dans des ghettos juifs (choisis par eux-mêmes), et forment une sous-culture dans la synagogue. Si les traditions générales sont respectées sans s'opposer aux principes universels bibliques, la paix dans l'Église est maximisée. La femme, cependant, qui ne couvre pas ses cheveux en priant ou en prophétisant, déshonore son *képhalé*. Ce terme dissimule un double entendre : la tête physique et le mari en tant que *képhalé*. Bien que dans le judaïsme orthodoxe du Moyen-Age, les femmes aient peu probablement couvert leurs cheveux, dans la mesure où cette pratique était réservée aux hommes, il se peut que cette coutume soit devenue courante pour beaucoup de femmes dans le judaïsme du premier siècle, et des siècles suivants.[91] Mais à l'heure de la rédaction de notre texte, il est primordial de rappeler que les femmes grecques se couvraient les cheveux lorsqu'elles étaient en public. Ne pas le faire aurait été irrespectueux envers leurs maris. Certaines femmes auraient pu prétendre qu'elles n'étaient pas en public lorsqu'elles priaient en Église, puisque le culte avait lieu dans une maison privée. Mais dans la pensée de Paul, nous sommes déjà dans un lieu public.[92] Cela se confirme particulièrement quand des étrangers étaient invités aux réunions, ce qui était généralement le cas vu la croissance rapide de l'Église au premier siècle de notre ère.

« [9]et l'homme n'a pas été créé à cause de la femme, mais la femme a été créée à cause de l'homme.[10]C'est pourquoi la femme doit avoir sur la tête une autorité (*exousia*) à cause des anges (*angelos*). »

⚘ 1 Corinthiens 11:9–10 (LSG)

« [18]Jésus, s'étant approché, leur parla ainsi: Tout pouvoir (*exousia*) m'a été donné dans le ciel et sur la terre. [19]Allez, faites de toutes les nations des disciples, les baptisant au nom du Père, du Fils et du Saint Esprit, [20]et enseignez-leur à observer tout ce que je vous ai prescrit. Et voici, je suis avec vous tous les jours, jusqu'à la fin du monde. »

⚘ Matthieu 28:18–19 (LSG)

La femme en Christ a maintenant l'*exousia* (ἐξουσία) du Seigneur,[93] tout comme les apôtres l'avaient en Matthieu 28:19.[94] Cependant, elle doit continuer à respecter son mari, à ne pas le déshonorer par un mauvais comportement. Le concept *exousia* (ἐξουσία) en 1 Corinthiens 11:10 ne fait pas référence à un signe d'autorité du mari sur sa femme,[95] mais à l'autorité transmise par Dieu lui-même sur la femme pour prophétiser, c'est-à-dire donner de la part de Dieu, une parole d'instruction que toute l'Église doit appliquer.[96] Alors qu'elle porte le voile, elle démontre qu'elle a l'autorité de son mari au-dessus de sa tête. Comme l'homme, la femme est sous l'autorité de Dieu. Lorsqu'elle porte le voile conformément aux normes sociales, elle peut exercer l'autorité de donner l'instruction de la part de Dieu. Si elle ne le porte pas, elle ne peut pas enseigner avec l'autorité de Dieu. Son message sera rejeté si elle ne s'adapte pas aux normes sociales qui ne concernent pas les principes bibliques universels. Le vêtement fait partie d'un code social. Celui qui veut prêcher avec l'autorité de Dieu doit s'adapter aux normes culturelles dans la mesure où elles ne contredisent pas les principes bibliques universels. La femme se doit toujours d'honorer son mari, de le respecter. Elle ne devrait le déshonorer ni en le critiquant en public, ni en s'abstenant du voile en public. Le voile est utilisé pour les femmes de l'AT, non pas comme une loi, mais comme une pratique courante.[97] Il devient une norme quand il s'agit du tabernacle.[98] Moïse utilise un voile,[99] Dieu utilise un voile,[100] les hommes font de même,[101] ainsi que le prêtre, à commencer par Aaron et ses fils, dont le couvre-chef peut être appelé voile ou turban.[102] Son usage métaphorique indique une vie d'intégrité[103] ou de pureté.[104]

De la même façon qu'un homme grec honore Dieu en se découvrant la tête, une femme grecque honore son mari en portant le voile en public. Cela conduit vers le shalom. La tradition juive a raison de dire que l'homme est créé à l'image de Dieu (v. 7–10) et que l'homme a été créé en premier lieu, avant la femme. C'est pourquoi la femme doit avoir une *exousia* (εχουσία) (v. 10) au-dessus de sa *kephalē* (κεφαλὴ) afin de respecter les messagers de Dieu qui communiquent sa Parole, qu'ils soient des anges ou des personnes.[105] Il n'est pas nécessaire de s'éloigner du sens fondamental du terme ange, *angelos* (ἄγγελος), en grec biblique,[106] qu'on traduit simplement par « messager » de Dieu. Dans ce contexte, cela fonctionne pour les anges et les personnes.

ad absurdum = mener quelque chose *ad absurdum* signifie démontrer que l'argument est absurde, donc pas valable dans ce contexte.

non sequitur = décrit un saut de logique, c'est-à-dire si une partie de l'argument ne découle pas logiquement de l'argument précédent. Par exemple :

- Bruxelles est la capitale de l'Europe.
- Thomas est en Europe.
- Thomas doit donc être à Bruxelles.

Correct : Thomas est en Europe.

Incorrect : Thomas pourrait aussi être à Louvain, à Cologne ou au Luxembourg.

Exousia est l'autorité déléguée de Dieu en vue de la proclamation de son message. C'est pourquoi un homme a aussi besoin d'une femme qui tienne à le respecter tout en donnant un mot d'instruction de la part de Dieu (v. 11). Tout comme Dieu a établi l'égalité entre l'homme et la femme dans le jardin d'Eden, le Saint-Esprit donne sa parole aux hommes et aux femmes pour qu'ils s'expriment en public au nom de Dieu. De la même manière, Dieu a établi l'équilibre et l'égalité en ce qui concerne la création physique, car seule la première femme est issue d'un homme. Ensuite tous les hommes sont issus de la femme qu'est leur mère. L'argument juif traditionnel selon lequel la femme est subordonnée à l'homme parce que l'homme a été créé le premier n'est donc qu'une demi-vérité et doit être corrigé. Pour ceux qui souhaitent faire valoir que l'ordre chronologique créationnel est le fondement de la subordination, tout homme qui a une mère doit également se soumettre à la femme, ou du moins à sa propre femme. À défaut de cela, il doit cesser d'insister sur l'ordre chronologique comme argument de supériorité, pour que finalement tout vienne de Dieu (v. 12). Que la gloire lui soit rendue! Mais pour le moment, *physis* (φύσις; 14),[107] doit être respecté en fonction de l'environnement dans lequel nous vivons et servons Dieu et les gens. On entend par *physis* ensemble des mécanismes physiques créés par Dieu et considérés comme « normaux » à savoir la tradition et la culture. Le but étant que ces derniers soient réconciliés avec Dieu. Alors, je vous en conjure femmes missionnaires en Arabie Saoudite et membres de l'Église roumaine à Bruxelles, hauts les voiles! Ne faites pas la guerre, faites la paix comme Paul le fit, ainsi que toutes les Églises qui ont réellement appliqué son conseil (v. 16).

L'argument de Paul: si l'homme est supérieur à toute femme parce qu'Ève vient d'Adam, alors la femme est également supérieure à l'homme parce que tout homme vient d'une femme. (*ad absurdum*)

Conclusion : l'argument de la supériorité humaine basé sur l'histoire de la création n'est pas valable - il ne découle pas de l'argument donné (*non sequitur*):

- L'origine est supérieure à ce qui en découle.
- Adam est à l'origine d'Ève.
- L'homme doit donc être supérieur à la femme.

Correct : Adam est à l'origine d'Ève.

Incorrect : Tout autre homme est né d'une femme, son origine. Si donc, l'homme est supérieur à la femme à cause de l'argument de l'origine, la femme est supérieur à l'homme également.
L'argument de l'origine ne s'appliquerait alors qu'à Adam et Ève, et non aux générations suivantes.

Kephalē indiquant le leadership dans Genèse

Selon 1 Corinthiens 11:3, Dieu est l'origine ou la source du Christ, si on se concentre sur son existence terrestre.[108] L'origine de l'homme est le Christ créateur. Quant à la femme, elle fut tirée de l'homme en Genèse 2. Le texte fait référence à l'ordre chronologique concernant l'humanité du Christ (le second Adam) et le premier Adam. L'homme ne doit pas rechercher sa propre autorité en dominant la femme, mais doit servir sous l'autorité du Christ. Aussi, la femme a reçu de l'Esprit de Christ, l'autorité du Christ pour parler au nom de Dieu. 1 Corinthiens 11:8, « En effet, l'homme n'a pas été tiré de la femme, mais la femme a été tirée de l'homme (*ex andros*/ἐξ ἀνδρός) »[109] - « de l'homme » est clairement la clé contextuelle de la signification de *kephalē* dans 1 Corinthiens. Il ne fait pas référence à l'autorité, mais à l'origine, à la source ou le commencement dans le sens d'un ordre chronologique ou du développement de la révélation.

La révélation biblique commence par *Yahweh Elohim*. Succède l'appellation *Chrēstos* (χρηστός) suit, bien qu'il n'y ait pas de subordination éternelle de *Chrēstos* à *Yahweh Elohim*. Si les distinctions visibles entre l'homme et la femme doivent être maintenues (vêtements et autres éléments culturels)[110] dans la manière dont une culture fait cette différence, l'autorité de Dieu est donnée à l'homme et à la femme.

« [22]Il a tout mis sous ses pieds, et il l'a donné pour tête (*kephalē*) suprême à l'Église, [23]qui est son corps, la plénitude de celui qui remplit tout en tous. »

⚘ Éphésiens 1:22–23 (LSG)

"[10]Vous avez tout pleinement en lui, qui est la tête (*kephalē*) de toute domination et de toute autorité."

⚘ Colossiens 2:10 (LSG)

Paul applique l'image du corps à l'Église sans en indiquer la figure dirigeante en Romains 12:4–8 et 1 Corinthiens 12:12–31. Il utilise *kephalē* sans référence directe au corps dans 1 Corinthiens 11:3, Éphésiens 1:22 et Colossiens 2:10. Cependant, le contexte littéraire plus large inclut aussi l'idée métaphorique du corps. L'amour du Christ est le modèle parfait pour l'homme et pour la femme. Celui qui aime se soumet volontairement au service de l'autre.

> « ³Je veux cependant que vous sachiez que Christ est la tête (*kephalē*) de tout homme, que l'homme est la tête (*kephalē*) de la femme, et que Dieu est la tête (*kephalē*) de Christ. »
>
> 🦋 **1 Corinthiens 11:3** (LSG - adapté)
>
> « ²²L'Éternel Dieu forma une femme de la côte qu'il avait prise de l'homme, et il l'amena vers l'homme»
>
> 🦋 **Genèse 2:22** (LSG - adapté)
>
> « En effet, l'homme n'a pas été tiré de la femme, mais la femme a été tirée de l'homme (*ex andros*). ... ¹²Car, de même que la femme a été tirée de l'homme, de même l'homme existe par la femme, et tout vient de Dieu.»
>
> 🦋 **1 Corinthiens 11:8, 12** (LSG)

Dans 1 Corinthiens 11:3, l'homme est l'origine chronologique/la source de la femme (Genèse 2:18–25). En 11:11–12, l'ordre créationnel divin est rendu visible en ce sens que tous les hommes viennent d'une femme, leur mère.[III] L'équilibre divin est ainsi établi. L'origine chronologique/ la source ne peut être un argument de supériorité ou de seigneurie sur l'autre. Si tel était le cas l'homme devrait se soumettre à la femme, car il provient de la femme. En réalité, seule Ève aurait eu besoin de se soumettre à son mari dans la mesure où elle est l'unique à provenir d'un homme.

Kephalē (κεφαλή)[112]

Le sème *kephalē* renvoie à ce qui est primaire, suprême ou extrême. Déjà à l'époque d'Homère, il est communément utilisé pour désigner la « tête » d'un homme ou d'un animal, le « point », le « sommet », la « fin », le « point de départ », « l'embouchure d'une rivière »,[113] mais aussi sa « source »,[114] le « début d'une époque »,[115] ou d'un « mois »,[116] ou encore une « autorité sur ».[117] *Kephalē* peut définir le point extrême, le début mais aussi la fin d'une chose physique comme d'une entité abstraite.[118] C'est cette idée même du début et de la fin qui conduit à l'idée de quelque chose de « proéminent », de « remarquable » ou « déterminant », car l'introduction et la conclusion d'un texte ne reprennent-ils pas les éléments les plus important du texte. Ainsi, la tête de l'homme n'est pas seulement un membre parmi d'autres. C'est aussi le premier et le principal membre qui détermine tous les autres.[119] De la tradition stoïcienne nous vient l'histoire qu'Athéna naquit de la tête de Zeus.[120] Le Fragment Orphique 21 raconte que Zeus est le commencement (*archē*/ἀρχή) et le centre de toute chose, et que par Zeus tout est accompli. Zeus est à la fois le fondement de la terre et celui du ciel étincelant ; le fragment 21A, qui emploie *kephalē* au lieu de de *archē* (début) affirme : « Zeus est le commencement, Zeus est le centre ».[121] Les Histoires d'Hérodote 4.91.2 suggèrent que les sources (*kephalai*/κεφαλαὶ) du Tearus produisent la meilleure eau, la plus belle parmi toutes les rivières.[122] Ici, *kephalai* (pluriel) semble être synonyme de *pēgai*/πηγαὶ (sources) et fait référence à la source apparente de la rivière Tearus.[123] Lorsque l'aspect « déterminant » est liée au point de départ, *kephalē* peut facilement prendre le sens de *archē* (ἀρχή). *Kephalē* est aussi utilisé pour désigner l'homme dans son entièreté, sa personne.[124]

La LXX adopte plus souvent l'usage grec pour traduire l'hébreu *rō'š* (ראשׁ).[125] La tête de l'homme est mentionnée dans Test. Zeb 9 en référence à l'unité d'Israël, signe de la volonté divine. Le terme hébreu *rō'š* (ראשׁ/tête) est utilisé 180 fois dans l'Ancien Testament pour désigner un « chef de quelque chose » (par exemple, homme, ville, nation). Dans 109 de ces contextes, *rō'š* est traduit par *archōn* (ἄρχων, leader, chef) plutôt que par *kephalē* qui n'est utilisé que huit fois (un taux d'occurence inférieur à 4%) lorsque *rō'š* veut signifier « leader », « chef ».

Wayne Grudem[126] ne peut trouver aucun exemple extrabiblique d'usage grec où *kephalē* signifie « source » mais il considère que l'option « autorité sur » ait un sens bien établi et reconnu dans la période néotestamentaire. Le théologien a obtenu une copie de la base de données de l'Université de Californie qui contient toute la littérature grecque connue (Thesaurus Linguae Graecae-tlg) à partir du VIIIe siècle avant JC. Les quelques 12.000 occurrences du terme ont été réduites à seulement 2.000 occurrences, dans lesquelles Grudem a trouvé 323 utilisations supplémentaires du dit-mot. Parmi ces derniers, il comptabilise 49 utilisations métaphoriques (y compris le LXX et le Nouveau Testament) de *kephalē*. Grudem conclut donc que le meilleur sens du terme *kephalē* est attribué à « autorité sur ». Il s'agit pour lui de la meilleure interprétation néotestamentaire, hormis les quelques préférences pour « leadership », « orientation » et « direction ». Grudem éprouve quelques difficultés face à l'usage des statistiques et la fréquence des traductions. Son analyse est manifestement biaisée et ne recherche pas forcément l'objectivité. Dans la LXX, *Kephalē* signifie généralement « tête » au sens littéral, et traduit le terme hébreu *rō'š* (ראש, tête au sens littéral ou « premier », « commencement », « règle » ou « chef »). Le plus souvent, le mot *archē* (ἀρχή) est utilisé lorsque « *rō'š* » signifie « *règle* » ou « chef ». Grudem soutient dans son article de 1985 que personne ne lui a présenté de texte grec où *kephalē* signifie « source ». Or bien avant qu'il n'écrive, il a déjà été observé que *kephalē* pourrait bien signifier « source ». Il faut croire que malheureusement, Grudem n'a pas eu accès aux bonnes sources car *kephalē* pouvait soit signifier source d'une rivière, soit désigner Zeus comme source[127] ou encore indiquer le point de départ.[128]

Aussi, Gilbert Bilezikian déconstruit l'argument de Grudem, qui plaide, pour les 15 cas, dans le sens d'« autorité sur ».[129] Bilezikian conclut que « l'enquête … n'a pas donné un seul cas où tête est utilisé dans le sens de dirigeant ou personne d'autorité ou de rang supérieur » (trad. de l'anglais).[130] De plus, *kephalē* n'est jamais utilisé en grec ancien dans un contexte de dualité homme-femme. Bilezikian propose que 1 Corinthiens 11:3 emploie *kephalē* dans le sens de « source » ou « origine », et que Éphésiens 5:23 l'emploie dans le sens de « source » de vie (Sauveur), source de service (don de soi-même), et source d'alimentation. Dans sa première étude de 1 Corinthiens 11:2–16,[131] Walter L. Liefeld a suggéré qu'il n'existait pas de signification unique ni même dominante pour le concept *kephalē*. Il affirme que son sens pourrait même changer à l'intérieur d'un seul passage. Pour Catherine C. Kroeger,[132] « le concept de la tête en tant que 'source' est bien documenté dans l'Antiquité classique et chrétienne ; il a été depuis longtemps accepté par les érudits.[133] Pour fonder son choix, elle se tourne d'abord vers des dictionnaires latino-grec les plus anciens qui énumèrent parmi les définitions de *kephalē* « origo » (lat.) (« source « ou « origine »). En regardant du côté des dirigeants ecclésiastiques des IVe et Ve siècles après J.-C., Kroeger fait valoir qu'ils nomment *kephalē* ce qui attrait à « source » traduit par *archē*, « commencement », « origine ». Dans la vision ancienne, la tête physique avait pour fonction d'être la source du sperme et donc la source des générations, de la vie ou de l'ensemble de l'état corporel. En outre, elle affirme que d'autres responsables d'Église des IVe et Ve siècles de notre ère considéraient Dieu comme la « source » du Christ (*archē*). Ils citent 1 Corinthiens 11:3, où « Dieu est la tête du Christ ».

Enfin, il convient de noter que, bien que Kroeger pense que « source » soit un sens bien documenté pour *kephalē*, elle admet qu'à l'époque du Nouveau Testament, *kephalē* pouvait parfois avoir le sens de « patron » ou de « chef », comme c'est le cas en anglais et en hébreux. Richard S. Cervin[134] fait observer que quatorze lexèmes de grecs anciens ne rendent pas l'idée d'« autorité sur » comme sens potentiel pour *kephalē*. Toutefois, un seul indique que l'idée du « leader » est portée par l'époque byzantine (5ème siècle de notre ère). Il repère deux cas où « source » ou « prééminence » peuvent être adoptés pour plusieurs textes. Le contexte théologique indique que le Christ est la tête et que l'Église est son corps.

Il est à l'origine de l'Église et demeure dans l'unité avec elle. Christ est à la fois son chef et son serviteur le plus humble. En cela, il est le modèle pour l'homme, pour la femme et pour tout son corps. Il est le Rédempteur et la source de la vie rédemptrice. 1 Corinthiens 11 adopte une perspective historique et, en ce sens, intègre non seulement la perspective du chef de l'Église, mais aussi la perspective de la source et de l'origine à partir desquelles l'Église se développe. La comparaison entre l'homme et le Christ fonctionne à différents niveaux. Dans le cadre du contexte social, pour les Grecs comme pour les Juifs, l'homme est le chef de famille. Le principe est le même que celui du Christ comme chef de l'Église. Dans le récit de la création, l'homme est l'origine de la femme, tout comme le Christ est l'origine de l'Église. Dans la culture grecque, la femme est la gloire de l'homme. Cet argument de la tradition grecque ne fait pas partie du récit de la création, mais il fait partie de la tradition selon laquelle la femme doit respecter son mari afin de ne pas troubler la paix dans l'Église.

Parallèlement à 1 Corinthiens 11 (Éphésiens 1:22–23; 4:15–16; 5:23; Colossiens 1:18; 2:10, 19), le Christ est le chef de l'Église qui, en tant que corps, grandit en lui pour former l'homme nouveau et parfait.[135] La pensée primaire homme-rédempteur met ici l'accent sur l'unité du Christ avec son Église. Lui, la tête céleste, est présent sous forme terrestre dans l'Église, tandis que l'Église qui représente son corps, est présente sous forme céleste en lui. En tant que chef, Christ dirige la croissance et l'accomplissement de l'Église vers lui-même. Il en est l'*archē* ou le principe, la source et l'origine (Colossiens 1:18). Il en est aussi la finalité (Éphésiens 2:15). Ce but s'atteint dans la foi et la connaissance, et par conséquent, dans la soumission à la tête (Éphésiens 5:23–24).[136]

En Colossiens 1:18, *kephalē* est tout d'abord utilisé métaphoriquement dans le sens de « tête du corps », avec l'idée d'incarner une personne.[137] Cependant, dans ce contexte, le Christ est aussi le créateur, le commencement et la source de l'Église.[138]

> « [18]Il est la tête (*kephalē*) du corps de l'Église; il est le commencement, le premier-né d'entre les morts, afin d'être en tout le premier. »
>
> ⚭ Colossiens 1:18 (LSG)
>
> « [19]sans s'attacher à la tête (*kephalē*), dont tout le corps, assisté et solidement assemblé par des jointures et des liens, tire l'accroissement que Dieu donne. »
>
> ⚭ Colossiens 2:19 (LSG)
>
> « [8]Prenez garde que personne ne fasse de vous sa proie par la philosophie et par une vaine tromperie, s'appuyant sur la tradition des hommes, sur les rudiments du monde, et non sur Christ. »
>
> ⚭ Colossiens 2:8 (LSG)
>
> « [23]car le mari est le chef de la femme, comme Christ est le chef de l'Église, qui est son corps, et dont il est le Sauveur. [24]Or, de même que l'Église est soumise à Christ, les femmes aussi doivent l'être à leurs maris en toutes choses. »
>
> ⚭ Éphésiens 5:23–24 (LSG)

Le contexte littéraire de Colossiens 2:19 évoque les débuts de la vie des Colossiens comme nouveaux disciples du Christ. Les « éléments du monde » en 2:8, font référence à l'idée philosophique grecque de l'origine, de la création du monde et, par conséquent, du monde spirituel actuel.[139] Paul oppose à cela le récit biblique de la création dont l'interprétation est christologique.

Christ est le créateur et l'origine de la vie.[140] Christ n'est pas seulement supérieur en puissance à tous les pouvoirs, mais il est aussi à l'origine de toutes les puissances du monde spirituel. Malheureusement, certains d'entre eux vivent aujourd'hui en rébellion. *Kephalē* en 2:19 est utilisé dans le sens de règne, d'autorité et d'exercice du pouvoir, mais un double-entendre exacerbe également les idées d'origine de ces pouvoirs, et de source de vie des Colossiens en tant que disciples du Christ. Le Christ est l'origine et la source du corps et la source de sa croissance.

En Éphésiens 4, Paul parle de l'œuvre de l'Esprit qui restaure d'une part la relation de paix entre les hommes et Dieu, et d'autre part la relation entre les hommes eux-mêmes. Paul adopte une perspective historique. C'est-à-dire qu'il part du début de la vie des Éphésiens en tant que disciples du Christ, passe par leur croissance actuelle jusqu' à au moment de la rédaction de la lettre, pour entrevoir un nouveau et futur stade de croissance. Le Christ est sans aucun doute *kephalē*, la tête métaphorique du corps, mais on ne peut écarter du passage l'idée du commencement et de la source à partir desquels la croissance se développe et aboutit dans l'unité.[141] La clause relative en 4:15–16 explique plus en détail comment l'unité est née à partir du Christ :

> « ... professant la vérité dans la charité, nous croissions à tous égards en celui qui est la tête/la source (*kephalē*), Christ. C'est de lui, et grâce à tous les liens de son assistance, que tout le corps, bien coordonné et formant un solide assemblage, tire son accroissement selon la force qui convient à chacune de ses parties, et s'édifie lui-même dans la charité ».[142]

Christ le *kephalē*, la source évidente de l'unité du corps, offre la raison pour laquelle les membres doivent vivre dans l'unité. Parce que les Juifs et les Gentils ont une source commune, ils se doivent aussi être unis.[143] Le conflit entre ces derniers au sein de l'Église se base sur des arguments purement humains.[144] Les Juifs cherchent leur identité dans leur appartenance à leurs ancêtres et le traditum qu'ils ont reçu d'eux. Ceci les amène à se sentir supérieurs aux Grecs. De la même façon, les Grecs fondent leur identité dans le lien à leurs ancêtres et au traditum qui en découle, leur donnant ainsi le sentiment d'être supérieurs aux Juifs. Paul veut qu'ils se rappellent pourquoi ils sont devenus membres de l'Église de Jésus Christ. L'Esprit saint s'emploie actuellement à lever toutes barrières entre les nations et à créer entre elles une unité et une paix fondées sur leur nouvelle identité en Christ. Cette nouvelle existence est le fruit de leur élection en Christ par l'Esprit Saint ; le fruit de la grâce offerte à tous. À cette offre, ils ontpréalablement répondu « oui », et, unis à Christ, ils sont entrés ensemble dans l'éternité du Royaume messianique. Le Saint-Esprit a agi par un shalom relationnel et il travaille encore à faire d'eux un seul corps issu de Christ – *kephalē*.

Cervin soutient que les notions d'« autorité sur » et de « source » ne sont pas réellement visibles dans la langue grecque classique. La notion de « commencement » apparait en revanche plusieurs fois. La LXX traduit *rō'š* sous l'idée de leader, et parfois par *kephalē*. Cependant, il convient de noter que sur les quelque 180 occurrences vétérotestamentaires de *rō'š* signifiant « leader/ dirigeant », les traducteurs de la LXX ont choisi, pour la plupart d'entre eux, de le rendre en grec par *arkhōn* (leader) ou un synonyme de l'idée, mais pas spécifiquement sous la forme *kephalē*. En réalité, *kephalē* n'est utilisé que huit fois dans la LXX pour traduire *rō'š*. Cela montre qu'il n'y a pas de correspondance entre leader et *kephalē*.

L'utilisation paulinienne du récit de la Genèse
dans Éphésiens 5:25

Que signifie pour un mari, d'aimer sa femme, *hoi andres, agapate tas gunaikas* (Οἱ ἄνδρες, ἀγαπᾶτε τὰς γυναῖκας) selon le modèle de Christ? Cela peut-il impliquer que le mari adopte la position d'un serviteur ?[145] Ou bien cela implique-t-il une soumission de la femme au mari, dont la tâche est très différente et s'écarte de la position du serviteur ?[146] Le Christ est le modèle parfait de l'amour du mari pour sa femme.[147] Cela signifie que le mari doit, à l'image du Christ, devenir le serviteur de son épouse,[148] être prêt à souffrir pour elle,[149] à mourir pour elle[150] et à vivre pour ses intérêts et non plus pour les siens.[151] Il est à son service dans l'objectif de répondre à ses besoins.[152] Autrement dit, il est le reflet du caractère du Christ dans sa relation avec elle,[153] y compris dans la manière dont il lui parle.[154] Cela implique qu'il agisse avec elle de manière à ce qu'elle se sente libre[155] et édifiée dans la relation, sans jamais la briser.[156] Même si sa femme adoptait le comportement d'une voisine ou d'une ennemie, l'occasion se présenterait de l'aimer telle quelle, en lui faisant du bien.[157] Le mari qui aime sa femme s'aime lui-même[158] et encourage sa femme à l'aimer en retour.[159] En l'aimant, il la considère comme supérieure à lui-même.[160] Il n'est ni orgueilleux, ni arrogant envers elle ; il n'essaie pas de la rabaisser ni d'exercer un pouvoir sur elle.[161] Cette forme d'amour n'est possible qu'en étant transformés à l'image de Christ par le Saint-Esprit.[162]

> « [19]entretenez-vous par des psaumes, par des hymnes, et par des cantiques spirituels, chantant et célébrant de tout votre coeur les louanges du Seigneur; [20]rendez continuellement grâces pour toutes choses à Dieu le Père, au nom de notre Seigneur Jésus Christ, [21]vous soumettant les uns aux autres dans la crainte de Christ. [22]Femmes, soyez soumises à vos maris, comme au Seigneur; [23]car le mari est le chef de la femme, comme Christ est le chef de l'Église, qui est son corps, et dont il est le Sauveur. [24]Or, de même que l'Église est soumise à Christ, les femmes aussi doivent l'être à leurs maris en toutes choses. [25]Maris, aimez vos femmes, comme Christ a aimé l'Église, et s'est livré lui-même pour elle. »
>
> Éphésiens 5:19–25 (LSG)

À l'opposé, l'amour hypocrite cherche à s'élever au-dessus de l'autre ; il désire l'honneur, et la supériorité.[163] Or, aimer sincèrement, n'est-ce pas honorer l'autre, plutôt que de chercher à être honoré ?[164] Le mari qui aime d'un cœur pur,[165] essaie de comprendre sincèrement son épouse ;[166] il persévère dans l'amour jusqu'au bout, malgré les obstacles.[167] Symboliquement parlant, c'est comme s'il lui lavait les pieds, qu'il faisait le travail d'un esclave, s'humiliait devant elle, et la servait. L'amour parfait conduit à l'unité parfaite et au shalom. Le véritable amour est l'accomplissement de l'Écriture.[168] Il est la manifestation de la présence de Dieu. Le mari qui aime sa femme connaît Dieu,[169] car l'amour est une conséquence de l'action de l'Esprit dans le croyant ; un gage de transformation à l'image de Dieu, en Christ et conduisant à la paix.[170]

> « [22]Mais le fruit de l'Esprit, c'est l'amour, la joie, la paix, la patience, la bonté, la bénignité, la fidélité, la douceur, la tempérance; ... [2]Portez les fardeaux les uns des autres, et vous accomplirez ainsi la loi de Christ. »
>
> ⟁ Galates 5:22; 6:2 (LSG)
>
> « [4]Et il sortit un autre cheval, roux. Celui qui le montait reçut le pouvoir d'enlever la paix de la terre, afin que les hommes s'égorgeassent *les uns les autres* ; et une grande épée lui fut donnée.»
>
> ⟁ Apocalypse 6:4 (LSG)
>
> « [1]Je vous exhorte donc, moi, le prisonnier dans le Seigneur, à marcher d'une manière digne de la vocation qui vous a été adressée, [2]en toute humilité et douceur, avec patience, vous supportant les uns les autres avec charité, [3] ous efforçant de conserver l'unité de l'esprit par le lien de la paix. »
>
> ⟁ Éphésiens 4:1–3 (LSG)

Ainsi, nous pouvons à présent nous réjouir que la femme doive se soumettre à son mari, parce qu'un mari aimant ne pourrait l'y contraindre, c'est-à-dire qu'il ne la forcerait pas à se soumettre à lui. Au contraire, il l'aimerait, la servirait et se sacrifierait pour elle. Il serait non seulement esclave de Jésus-Christ (*doulos Iēsou Christou*/ δοῦλος Ἰησοῦ Χριστοῦ), non seulement esclave de l'Église de Jésus-Christ (*doulos tēs ekklesias tou Iēsou Christou*), mais aussi l'esclave de sa femme (*doulos tēs gunaikos autou*). Le terme *agapē* (ἀγάπη) implique en fait l'idée de l'humilité et ainsi de service. Si la femme doit se soumettre à l'homme, l'homme, à son tour, doit servir sa femme. Le but est l'unité et le vrai shalom par l'Esprit, chacun dans sa propre culture et dans la terminologie appropriée.[171]

Le thème du véritable amour comme humble service justifie pourquoi le principe de soumission en Éphésiens 5:21 introduit la section où sont mentionnés les différents groupes sociaux de l'Église. Dans la culture gréco-romaine, les groupes sont traditionnellement soumis à d'autres. Le principe du service aimant envers le supérieur rend en réalité la soumission mutuelle. Le concept *allelōn*/ἀλλήλων est réciproque en Galates 6:2 parce que chacun porte le fardeau de l'autre. Dans Apocalypse 6:4, un groupe se bat contre l'autre, ils s'entretuent ; certains appartenant à un groupe, d'autres à l'autre groupe, la réciprocité est totale.

La soumission est réciproque. Les leaders sont respectés en tant que leaders, mais doivent être, souhaitons-le, de meilleurs serviteurs que les autres. Leur service est plus conséquent, ils doivent se comporter comme s'ils étaient inférieurs aux autres. En société, les maîtres ne se soumettent jamais aux esclaves, mais les esclaves toujours aux maîtres. Dans l'Église, le maître se soumet à son esclave si ce dernier est un ancien. Si le maître est ancien, il devient alors le plus grand serviteur de tous, et se rend esclave de son esclave. L'humilité est un fruit de l'Esprit (Galates 5:22 ; Éphésiens 4:2). Éphésiens 4:23 traite de la transformation de la manière de penser par l'Esprit. Cette nouvelle mentalité chrétienne déjoue les normes sociales traditionnelles et permet au maître d'aimer son esclave et sa femme. L'humilité de l'Esprit, selon le modèle de Jésus (Philippiens 2:8), conduit à des relations pacifiées (Éphésiens 4:3–4); l'orgueil quant à lui, conduit à la querelle, aux conflits et aux divisions (1 Corinthiens 1:31).

III.

LE LEADERSHIP DE L'ÉGLISE DU PREMIER SIÈCLE D'APRÈS SHALOM

Episkopos (ἐπίσκοπος)

Dans la LXX *episkopos* (ἐπίσκοπος) signifie avoir une charge officielle, une position d'autorité. Le prêtre Éléazar devait s'occuper de l'huile pour la lampe du temple,[172] des officiers de l'armée,[173] de l'autorité civile de haut rang,[174] des gardiens du Temple désignés par le prêtre,[175] ainsi que des Lévites de haut rang.[176] Dieu lui-même est appelé *episkopos* dans Job 20:29. Dans le royaume messianique εἰρήνη est l'*episkopos* qui gouverne dans la justice, dans *dikaiosunē* (ἐν δικαιοσύνῃ). Le concept *episkopos* n'apparaît que cinq fois dans le NT. Actes 20:28 utilise clairement ἐπίσκοπος comme synonyme de *presbyteros* (πρεσβύτερος). Paul s'adresse aux dirigeants de la délégation des Églises asiatiques.

> « [17]Cependant, de Milet Paul envoya chercher à Éphèse les anciens (*presbyteros*) de l'Église. ... [28] à tout le troupeau sur lequel le Saint Esprit vous a établis évêques (*episkopos*) pour paître l'Église du Seigneur, qu'il s'est acquise par son propre sang. »
>
> ⚜ Actes 20:17, 28 (LSG)

Dans l'épître de Paul aux Éphésiens, nous voyons que les dirigeants de l'Église appelés *episkopoi* (ἐπίσκόποι) peuvent occuper différentes fonctions ministérielles (Éphésiens 4:11) et peuvent manifester différents dons spirituels (4, 8, 16). Puisque les dons spirituels sont déversés sur les hommes et sur les femmes, le Saint-Esprit peut les utiliser de la même manière. De surcroit, Paul ne fait aucune différence quand aux hommes et femmes en Éphésiens 4, ni quant aux normes éthiques liées à l'œuvre transformatrice de l'Esprit, ni quand aux dons spirituels. Des textes confirment que les femmes sont choisies dans toutes sortes d'exercices de dons spirituels, y compris la révélation et la proclamation de la parole de Dieu. Paul ne classifie pas les manifestations charismatiques de l'Esprit Saint en dons ministériels, dons spirituels ou en dons naturels.

« ²⁸Et Dieu a établi dans l'Église premièrement des apôtres, secondement des prophètes, troisièmement des docteurs, ensuite ceux qui ont le don des miracles, puis ceux qui ont les dons de guérir, de secourir, de gouverner, de parler diverses langues. ²⁹Tous sont-ils apôtres? Tous sont-ils prophètes? Tous sont-ils docteurs? »

1 Corinthiens 12:28–29 (LSG)

« ⁶Puisque nous avons des dons différents, selon la grâce qui nous a été accordée, que celui qui a le don de prophétie l'exerce selon l'analogie de la foi ; ⁷que celui qui est appelé au ministère s'attache à son ministère; que celui qui enseigne s'attache à son enseignement ; »

Romains 12:4–7 (LSG)

« ¹¹Et il a donné les uns comme apôtres, les autres comme prophètes, les autres comme évangélistes, les autres comme pasteurs et docteurs, ... »

Éphésiens 4:11 (LSG)

Les listes en 1 Corinthiens 12:28–30 et Romains 12:4–9 comprennent aussi bien en compte des dons de type ministériels, que des éléments spirituels et naturels. Pour Paul, ils sont tous des dons du Saint-Esprit qui ne fait pas de distinction de sexe. Les dons ministériels en Éphésiens 4:11 sont une conséquence de l'effusion de dons lors de la Pentecôte, et doivent donc être compris comme des exemples de dons que l'Esprit saint accorde aux membres de l'Église, sans aucune distinction de sexe.

> « ²J'exhorte Évodie et j'exhorte Syntyche à être d'un même sentiment dans le Seigneur. »
>
> Philippiens 4:2 (LSG)
>
> « ²Il faut donc que l'évêque (*episkopos*) soit irréprochable, mari d'une seul femme, sobre, modéré, réglé dans sa conduite, hospitalier, propre à l'enseignement, ... ¹Ne réprimande pas rudement l'ancien, (*presbyteros m.*), mais exhorte-le comme un père; exhorte les jeunes gens comme des frères, ²anciennes (*presbyteras v.*) comme des mères, celles qui sont jeunes comme des soeurs, en toute pureté. »
>
> 1 Timothée 3:2; 5:2 (LSG)
>
> « ⁷Car il faut que l'évêque soit irréprochable, comme économe de Dieu; qu'il ne soit ni arrogant, ni colère, ... ³Dis que les anciennes (*presbytidas v.*) doivent aussi avoir l'extérieur qui convient à la sainteté, n'être ni médisantes, ni adonnées au vin; qu'elles doivent donner de bonnes instructions, ... »
>
> Tite 1:7; 2:3 (LSG)

S'il l'on identifie *episkopos* à *presbyteros*, alors la lettre de Tite tout comme celle de 1 Timothée furnissent des exemples féminins (πρεσβύτεροι). Cela s'applique également au terme *episkopoi* (ἐπισκόποι). Phil 1:1 mentionne deux types de ministres : *episkopoi*, qui désigne les anciens des Églises locales, et *diakonoi* (διάκονοι), les missionnaires, envoyés par les Églises pour prêcher et enseigner dans d'autres assemblées. La lettre aux Philippiens, au verset 4:2, mentionne ensuite deux enseignantes et potentielles *episkopoi* du nom d'Euodia et Syntyche. Paul les encourage à œuvrer pour la paix sans jamais cesser d'enseigner. 1 Timothée 3:2 et Tite 1:7 abordent les critères qui correspondent également aux *diakonoï* féminins et masculins. 1 Timothée 5:2 et Tite 2:3 parlent des femmes âgées comme anciennes/enseignantes de l'Église ?[177] 1 Pierre 2:25 illustre Jésus comme étant l'*episkopoi* suprême ; il se base potentiellement sur Job 20:29, le seul endroit dans la LXX où Dieu est désigné par *episkopos*.

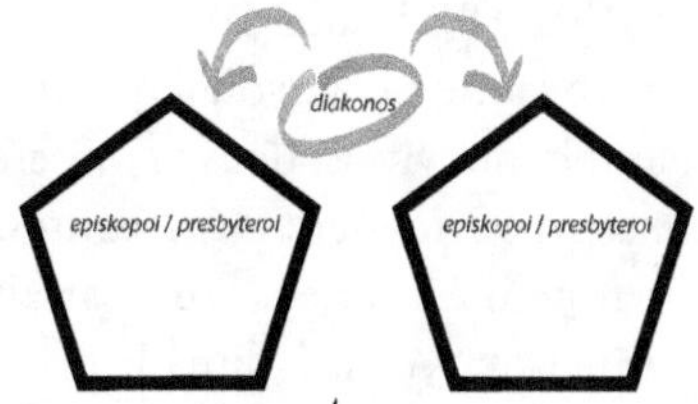

1 Pierre 2:25 associe le terme *poimēn* (ποιμήν) à *episkopos*, en se basant certainement sur les paroles de Jésus en Jean 10, passage où les paroles concernant Yahweh en tant que *poimēn* sont appliquées à Jésus. Les hommes et les femmes qui prennent soin du troupeau par leur bon enseignement, sont dignes du titre d'*episkopos*. Les ministères sont des dons de l'Esprit (Éphésiens 4:7–11) dans l'objectif d'atteindre l'unité et la paix dans l'Église (Éphésiens 4:3).

> « ²⁵Car vous étiez comme des brebis errantes. Mais maintenant vous êtes retournés vers le pasteur (*poimēn*) et le gardien (*episkopos*) de vos âmes. »
> 1 Pière 2:25 (LSG)
>
> « ¹¹Je suis le bon berger (*poimēn*); Le bon berger donne sa vie pour ses brebis. »
> Jean 10:11 (LSG)

Les femmes anciennes en Zacharie 8:4

Le dernier chapitre de Zacharie dépeint la restauration de Yahweh après le temps du jugement. La présence de Yahweh est communiquée en Zacharie par l'usage métaphorique de quatre métonymies spatiales indiquant la présence paisible de Yahweh : *Yərûšālēm* (יְרוּשָׁלַם), qui est Jérusalem, le temple *bêtî* (בֵּיתִי, ma maison en 1:16), la montagne *har*

(הַר en 8:3) et *ṣîôn* (צִיּוֹן en 8:3), qui correspond à Sion ; le mont Zaphon dans Zacharie 1:14 est associé à Jérusalem comme dans Joël 4:17 (3:17) et dans Esaïe 2:2–3, Psaumes 48:2–3 (48:1–2), et enfin à *har haqqōdeš*, à la montagne sainte (הַר הַקֹּדֶשׁ).[178] Zacharie 8:3 indique que la nature sainte de Yahweh se traduit par la nature sainte du lieu où il manifeste sa présence. Il en résulte que les personnes qui vivent dans sa présence sont transformées par son caractère et en deviennent aussi saintes.[179] Le sujet principal de Zacharie est la restauration de la paix parfaite, *šalôm* (שָׁלוֹם) par « mon Esprit », *bərûḥî* (בְּרוּחִי, c'est-à-dire l'Esprit du Seigneur en 4:6) signal de la présence de Yahweh car régnant dans Son espace. L'harmonie et la paix sont dépeintes à plusieurs niveaux :

La paix militaire. Les motifs antithétiques des villes détruites et reconstruites sont placés ici dans un message indiquant non seulement la fin de la guerre avec les nations étrangères, mais aussi l'instauration de la paix parmi les peuples, sans aucune alerte d'une nouvelle guerre. Alors que dans les Lamentations les rues sont dépeintes comme étant pleines de corps (comme dans Zacharie 2:21), d'enfants affamés (Lamentations 2:11–12, 19), de citoyens qu'on vénère, de prophètes ou de prêtres errants aveugles et souillés (Lamentations 4:13–14), l'espace ouvert représente la vision opposée de la restauration, c'est à dire de la vie, la paix.[180]

La paix économique. Les personnes âgées et les jeunes gens n'ont plus besoin de travailler dans les champs. Ils peuvent jouir de leur temps libre. Le mérisme vieux-jeunes indique que toute la population vit dans ces conditions de shalom eschatologique.

La paix sociale. Il n'y a plus de conflits intergénérationnels, ni de conflits entre hommes et femmes. La plupart des textes hébraïques qui parlent de jeunes et d'anciens ne font pas de distinction sexuelle. Par conséquent, la distinction inhabituelle de genre sur *yəlādîm vilādôt*, les garçons et les filles

(יְלָדִים וִילָדוֹת en 8:5), souligne l'importance de cette distincti
on et aborde la solution à ce conflit de genre en Genèse 3:16,
juste après la chute. À présent, l'Esprit de Dieu conduit à
une restauration de la relation de shalom entre les sexes.

La paix entre les sexes et leadership commun. Ûrḥ̄obōt ha'îr
(וּרְחֹבוֹת הָעִיר), la place de la ville ou l'espace ouvert[181] près de
la porte de la ville, a une fonction judiciaire.[182] Les anciens y
tiennent leurs réunions publiques et judiciaires, offrant un
espace suffisant pour permettre à un maximum d'habitants
de la ville de se réunir et d'assister aux procès publics qu'ils
conduisent. Les hommes et les femmes âgées ou les anciens
(hommes et femmes) sont les *zəqēnîm ûzqēnôt* (זְקֵנִים וּזְקֵנוֹת
en 8:4). L'État-shalom inclut désormais des femmes come
me participantes actives à la direction de la ville. Voilà l'accomplissement la prophétie de Joël, celle où Yahweh communique son jugement à la fois sur les hommes et les
femmes moyennant des dons spirituels. Ce fait est mis en
parallèle dans Ésaïe 61:6 où des hommes et les femmes sont
prêtres de Yahweh. Le bâton, *miš'enet* (מִשְׁעֶנֶת en 8:4), n'est
pas seulement utilisé par les malades (Exode 21:19) et les personnes âgées mais aussi par un homme de loi (Nombres
21:18) et synonyme de *šēvet* (שֵׁבֶט en 2 Rois 4:29, 31; 18:21;
Ésaïe 36:6; Ézéchiel 29:6; Psaumes 23:4).[183]

La restauration de la relation de shalom entre Dieu et son peuple par
l'Esprit saint conduit à la restauration du véritable culte qui permet
d'expérimenter la présence de Dieu. En présence de Dieu, les relations humaines sont restaurées dans le shalom, ce qui est synonyme
de cessation des conflits entre les sexes, les classes sociales, les groupes
ethniques et les générations. Le leadership en Zacharie 8 est présenté
comme pacifié, et se compose d'hommes et de femmes se trouvant
sur un même pied d'égalité.

Les critères du *diakonos,* de l'*episkopos* et du *presbyteros*

Les personnes que Paul appelle spécifiquement *diakonoi* (διάκονοι) sont : Christ (Romains 15:8; Galates 2:17), Apollos (1 Corinthiens 3:5), Paul (1 Corinthiens 3:5; 2 Corinthiens 3:6; 6:4; Éphésiens 3:7; Colossiens 1:23, 25), l'équipe de Paul (2 Corinthiens 3:6; 6:4, Phoebe, Priscilla, Lydia, Chloé, Junia/Julia, Aquillas, etc.), les opposants de Paul à Corinthe, les faux docteurs (2 Corinthiens 11:15, 23), Tychique (Éphésiens 6:21 ; Colossiens 4:7), Epaphras (Colossiens 1:7), et Timothée (1 Timothée 4:6). Tous ces individus ont en commun d'enseigner la parole et de voyager. Même les faux enseignants qu'on appelle *diakonoi* partagent ces deux caractéristiques.

"⁸Les *diacres* aussi doivent être honnêtes (*semenos*),	¹¹Les *femmes*, de même, doivent être honnêtes (*semenos*),
éloignés de la duplicité (*dilogos*),	non médisantes (*diabolos*),
des excès du vin (*prosechō*),	sobres (*nephalios*),
d'un gain sordide, ⁹conservant le mystère de la foi dans une conscience pure (*tēs pisteōs en kathara suneidēsei*). ¹⁰Qu'on les éprouve d'abord, et qu'ils exercent ensuite leur ministère, s'ils sont sans reproche.	fidèles en toutes choses. (*pistos*)."
1 Timothée 3:8–11 (LSG)	

La Didache (Enseignement des Douze Apôtres) 15.1 stipule : « Désignez-vous donc des évêques et des diacres dignes du Seigneur, des hommes doux, qui n'aiment pas l'argent, et qui sont vrais et agréés ; car ils accomplissent aussi pour vous le service des prophètes et des enseignants », ce qui définit la fonction principale du *diakonoi* autour du prophète et de l'enseignant.

1 Timothée 3:11 s'adresse aux femmes, en grec *gynaikas* (γυναῖκας). À partir du contexte et selon le parallélisme existant entre les qualités requises pour ces femmes et pour les diacres,[184] il semble plus probable que Paul parle de « diaconesses » et non de « femmes de diacres » : honnêtes (*semenos = semenos*), éloigné de la duplivité/non médisantes (*mē dilogos = mē diabolos*), éloignés des excès du vin/sobres (*prosechō = nephalios*), de la foi dans une conscience pure/fidèles en toutes choses (*tēs pisteōs en kathara suneidēsei = pistos en pasin*).

« [14]L'une d'elles, nommée Lydie, marchande de pourpre, de la ville de Thyatire, était une femme craignant Dieu, et elle écoutait. Le Seigneur lui ouvrit le coeur, pour qu'elle fût attentive à ce que disait Paul. [15]Lorsqu'elle eut été baptisée, avec sa famille, …[40]Quand ils furent sortis de la prison, ils entrèrent *chez Lydie*, et, après avoir vu et exhorté les *frères*, ils partirent. »

Actes 16:14–15, 40 (LSG)

De même, le « *ancillis quæ ministræ dicebantur* » de Pline,[185] se réfère à ces femmes comme étant des « ministres ». Paul ne spécifie ni ne précise les tâches communes ou les tâches différenciées entre l'*episkopoi* et le *diaconoi* dans les Églises de Philippes (Philippiens 1:1) et d'Éphèse (1 Timothée 3:8, 12). Le peu de matériel disponible sur l'Église du premier siècle, nous pousse à dire que les *diakonoi* étaient probablement des ministres itinérants nommés par les Églises, à l'image des missionnaires d'aujourd'hui. En Actes 13, l'Église d'Antioche qui nomme des ministres en voyage pour établir d'autres Églises, serait un bon exemple.

Les Anciens sont toujours des leaders d'Églises locales pouvant cumuler différentes fonctions dans l'Église. Outre les épîtres pastorales 1 Timothée et Tite, les épîtres pauliniennes mettent l'accent sur la fonction spécifique. Paul n'utilise jamais le terme *presbyteros* dans ces lettres, mais il parle d'une variété de dons qui permettent aux dirigeants d'exercer un leadership charismatique.

"...[1:5B]Je t'ai laissé en Crète, afin que ... tu établisses des *anciens* (*presbuteros*, ici : hommes) dans chaque ville... ...[7A]il faut que l'*évêque* (*episkopos*, ici : homme) soit irréprochable, ...[7E]ni adonné au vin (*paroinos*) ...[2:2A]Dis que les anciens (*presbutēs*, ici : hommes) doivent être sobres (*nephalios*),	"...[2:3A]Qu'il en soit de même des *anciennes* (*presbuis*, femmes) ; qu'elles aient un comportement digne de Dieu : ...[3C] [n'être ni] adonnées au vin (*douloō pollō oinō*),
honnêtes (*semenos*),	...[3B]ni médisantes (*diabolos*), ...
[2D]sains dans la foi/fidélité (*pistis*), [2C]modérés (*sōphrōn*)	...[3D]qu'elles s'attachent plutôt à enseigner le bien (*kalodidaskalos*), [4A]dans le but d'apprendre aux jeunes femmes d'être sage (*sophronizō*), ...[5A]à être et agir de manière réfléchie (*sōphrōn*)
[2E] [d'exercer] l'amour (*agapē*),	...[4B]à aimer leurs maris (*philandros*), et leurs enfants (*philoteknos*),
et de la persévérance (*hypomonē*).	...[5B] à être retenues, chastes, occupées aux soins domestiques, bonnes, soumises à leurs maris, afin que la parole de Dieu ne soit pas blasphémée.
Tite 1:5–2:5 (LSG – adapté)	

En Romains 16, Phoebe est clairement identifiée comme une ministre itinérante nommée par l'Église de Cenchrée et envoyée à Rome par Paul pour lire et interpréter sa lettre dans les (nombreuses) Églises de maison. Elles doivent être lues comme une doctrine faisant autorité et devant être reçue et suivie par les dirigeants des Églises locales.[186]

> « [2]Il faut donc que *l'évêque* (*episkopos*) soit irréprochable, mari d'une seul femme, ... »
> 1 Timothée 3:2 (LSG)
>
> « [7]Car il faut que *l'évêque* (*episkopos*) soit irréprochable, comme économe de Dieu; qu'il ne soit ni arrogant, ni colère, ... [3]Qu'il en soit de même des *anciennes* (*presbytides*) qu'elles aient un comportement digne de Dieu : n'être ni médisantes, ni adonnées au vin, ... »
> Tite 1:7; 2:3 (LSG)

Lydie est un autre exemple pertinent de leader d'Église locale. Actes 16 la mentionne comme étant la dirigeante de la première Église de maison à Philippes, celle-ci démarrant d'ailleurs avec un groupe de femmes. Plus tard, alors que les hommes se joignent peu à peu aux disciples du Christ de cette assemblée, Lydie demeure le seul leader mentionné pour cette communauté. Actes 16:40 emploie à ce sujet le pluriel masculin *adelphoi* (ἀδελφοί), ce qui signale la composition d'une Église mixte. Dans le cas contraire un pluriel féminin aurait été employé. Riche commerçante, Lydie aurait été en mesure d'accueillir l'Église dans sa maison (ce qu'on nomme une Église de maison).

Les critères d'un *diaconos* (1 Timothée 3:8–13)

Les critères pour les hommes et les femmes *diaconoi*[187] sont fondamentalement les mêmes, et ils correspondent également aux critères utilisés pour le choix de l'*episkopoi* et du *presbyteroi*. Le livre de Tite, dont le premier chapitre s'intéresse aux hommes et le deuxième aux femmes, rejoint également les propos de 1 Timothée. Le cadre et le but principal de la lettre à Tite sont en effet analogues: les dirigeants et les enseignants, hommes et femmes confondus, sont invités à collaborer avec le Saint-Esprit et à appliquer la Parole dans leur propre vie avant de l'enseigner fidèlement aux autres. Encore une fois, ce message vise à ce que l'Église expérimente la paix dans les relations interpersonnelles et avec Dieu. Tite utilise des synonymes du terme « Anciens » sans en faire valoir la différence. Le contexte indique que Paul a en vue, à la fois dans 1 Timothée et dans Tite, non pas l'âge mais la fonction du leader.

Les complémentaristes croient eux aussi que 1 Timothée 3:2 et Tite 1:7 se réfèrent aux Anciens, bien que le synonyme *episkopos* soit utilisé, et non *presbyteros*. D'ailleurs, la plupart d'entre eux, relèvent à peine l'absence du mot *presbyteros* des textes, mais préfèrent impatiemment discuter de ces critères qu'ils tiennent pour acquis, quoiqu'inexistants. Dans un second temps, ils abordent le terme *presbyties* (πρεσβύτιδες) en Tite 3:2 en insistant sur un renvoi unilatéral aux femmes âgées, et non aux Anciens-femmes. Le texte utilise les mêmes caractéristiques attribuées aux hommes et explicite le ministère d'enseignement, celui-ci n'étant pas donné à toutes les femmes d'âge mûr, mais aux femmes qui sont Anciens. C'est en raison du contexte, du but rhétorique, ainsi que de la fonction attachée au mot dans la lettre à Tite que les *presbyties* peuvent être identifiées à des femmes Anciens,[188] et non pas à toutes les femmes dans l'Église en général.

Dans la lutte contre les fausses doctrines, le terme *diabolos* (διάβολος), employé aussi bien pour les hommes que pour les femmes, est saillant par sa présence. Sa valeur étant à l'origine négative, ou son absence obtient alors une valeur positive. Il indique l'idée d'un « engagement dans la calomnie » (1 Timothée 3:11) comme critère déterminant pour ces femmes ministres, les *presbyties* (πρεσβύτιδες dans Tite 2:3) ; ou encore pour les hommes faux-docteurs (2 Timothée 3:3). Il fait référence à celui qui se livre à la diffamation ou à la calomnie. « Le diable », ou « l'adversaire/diable », est déjà régulièrement traduit par *mashatan* הַשָּׂטָן dans la Septante (LXX).[189] Le *presbyteroi* (Tite 1:4, 5) et le *diaconoi*[190] ont tous deux la fonction principale d'un service qui contribue plus intensément à cultiver la paix dans les relations des membres de l'Eglise (1 Timothée 1:2, 12), qui sont aussi collaborateurs de l'Esprit Saint (2 Timothée 1:14).

Diakonia (Διακονία) dans les épîtres pauliniennes

Diaconia dans les épîtres pauliniennes est utilisé pour *l'enseignement* (adressé à ceux qui sont déjà et ceux qui ne sont pas encore croyants), *les dons spirituels* (dons qui confirment l'évangile), et *la proclamation de l'Évangile* en aidant les pauvres des groupes marginalisés (unité entre les différents groupes sociaux).

> « ¹En ce temps-là, le nombre des disciples augmentant, les Hellénistes murmurèrent contre les Hébreux, parce que leurs veuves étaient négligées dans la distribution (*diakonia*) qui se faisait chaque jour. ²Les douze convoquèrent la multitude des disciples, et dirent : Il n'est pas convenable que nous laissions la parole de Dieu pour servir aux tables. ... ⁴nous continuerons à nous appliquer à la prière et au ministère (*diakonia*) de la parole.
>
> ⚘ Actes 6:1, 4 (LSG)

La parole est utilisée spécifiquement pour l'enseignement et le ministère de prédication de Paul (Romains 11:13; 2 Corinthiens 4:1; 5:18; 6:3; 2 Corinthiens 11:8; 1 Timothée 1:12), le ministère de prédication d'Archippe (Colossiens 4:17), le ministère d'évangélisation de Timothée (2 Timothée 4:5), le ministère de prédication de Marc (2 Timothée 4:11), et la collecte organisée par Paul et son équipe en faveur des membres pauvres de l'Église à Jérusalem (Romains 15:31; 1 Corinthiens 16:15; 2 Corinthiens 8:4; 9:1, 12). Paul considère cette offrande comme un message d'amour et d'unité entre les Juifs et les païens. Il s'agit d'un sermon dont la valeur est communicationnelle et doctrinale. 2 Corinthiens 9:13 explicite que l'offrande a une valeur d'annonce de l'évangile.

Colossiens 3:16[191]

> « Que la parole du Christ habite [*enoikeitō* (ἐνοικείτω)] richement en vous, vous enseignant [*didaskontes* (διδάσκοντες)] vous exhortant [*nouthetountes* (νουθετοῦντες)] les uns les autres en toute sagesse, en chantant [*adontes* (ᾄδοντες)] des psaumes et des hymnes et des chants spirituels [*ōdais pneumatikais* (ᾠδαῖς πνευματικαῖς)], avec reconnaissance de cœur envers Dieu. »

L'impératif présent *enoikeitō* (ἐνοικείτω) indique une activité continue contrairement à l'activité ponctuelle de l'impératif aoriste. L'instruction est de se comporter de manière à ce que la Parole du Christ habite, demeure en abondance et non de manière légère parmi les croyants en tant qu'individus et peuple de Dieu. L'idée implicite est donc que la Parole de Christ n'a pas encore suffisamment fait effet dans la vie des membres de l'Église, et encore moins atteint le but souhaité. Les trois participes présent *didaskontes* (διδάσκοντες), *nouthetountes* (νουθετοῦντες), et *adontes* (ᾄδοντες), sont soit dépendants soit indépendants du verbe principal ; lui-même conjugué au présent de l'impératif. La majorité des traductions en anglais, français, espagnol, ou allemand, etc., les considère comme indépendantes et les traduisent par une série de quatre activités différentes.[192] Toutefois, ceci ne correspond pas à la construction syntaxique comprenant deux piliers de clés sémantiques : les trois participes et la série des trois objets au datif appartenant au champ lexical de la musique. Les trois datifs *psalmois* (ψαλμοῖς), *hymnois* (ὕμνοις), *ōdais pneumatikais* (ᾠδαῖς πνευματικαῖς),[193] sont instrumentaux et indiquent la manière dont les activités doivent être exécutées. Cependant, il ne s'agit pas d'une série d'activités différentes, mais d'une seule activité principale à l'impératif : la Parole du Christ devrait abondamment demeurer au sein de l'Eglise. La question évidente qui se pose immédiatement est donc la suivante : comment y parvenir ? La réponse réside dans les trois participes qui ne sont pas indépendants mais dépendent du verbe principal à l'impératif : c'est en enseignant, en exhortant et en chantant constamment à Dieu de tout cœur. Les trois moyens de communication sont les substantifs *psalmois*, l'*hymnois* et l'*ōdais pneumatikais*.[194] Ces trois activités musicales basées sur les paroles du Christ forment un moyen important de communiquer la doctrine aux croyants et non-croyants dans l'environnement helléniste du premier siècle. En effet, la plupart des membres de la congrégation sont illettrés. Quant à ceux qui savent lire, ils n'ont largement pas les moyens de se procurer des manuscrits. C'est en grande partie au travers des chants que la doctrine a été communiquée et mémorisée. Toute l'Église, et pas seulement par les dirigeants, mais les hommes et les femmes, se sont prêtés à l'activité. Ainsi, qu'il y ait consensus ou désaccord sur le fait que les femmes étaient potentiellement parmi les Anciens de l'Église de Colosses, cette activité, accomplie par des hommes et des femmes, a un but didactique axé sur la Parole de Christ.

C'est une activité didactique à laquelle les femmes autant que les hommes participent lorsqu'ils chantent la doctrine chrétienne par laquelle ils s'instruisent délibérément et mutuellement. *Odais pneumatikais* indique que la véritable musique d'adoration est réalisée par l'Esprit en collaboration avec tout le peuple de Dieu. Le but final à atteindre est celui la paix avec Dieu et entre les hommes de son peuple (Colossiens 1:2). L'amour opéré et communiqué par l'Esprit (Colossiens 1:8) rend le tout possible.

Prophēteia (προφητεία)

On distingue la prophétie écrite de la prophétie orale. Néanmoins, une grande partie de la prophétie écrite a d'abord été oralisée avant d'être rédigée. La prophétie est le mot de Dieu à l'intention des individus et des groupes, des membres et des non-membres du peuple de Dieu. Elle a attrait à des événements passés, présents ou futurs. La prophétie vient du grec *prophēteuō* [προφητεύω (hébreu : *nāvî*/ נָבִיא)][195] et signifie « parler au nom de ». Dans la Bible, elle renvoie à celui qui parle au nom de Dieu. Dieu est censé être l'origine de ce qui peut être prononcé, ce qui renforce la nécessité d'évaluer les paroles afin de déterminer qui (Dieu, un être humain, ou peut-être des démons) peut être à l'origine du message. Le terme « prophète »[196] désigne alors communément le serviteur de Dieu dans l'Ancien Testament.

Cette métonymie continue dans le NT, mais progressivement l'occurrence d'autres termes tels que *episkopos* (ἐπίσκοπος), *presbyteros* (πρεσβύτερος), *diakonos* (διάκονος), *apostolos* (ἀπόστολος), et *didaskalos* (διδάσκαλος) devient majeure, tandis que *poimēn* (ποιμήν) perd de sa fréquence au premier siècle. La prophétie est le don le plus cité en début les listes sur des dons spirituels. Pourtant, cela ne justifie en aucun cas une prédominance sur les autres dons : les listes ne fonctionnent pas ainsi. À vrai dire, dans un contexte de définition plus large, il se trouve que la plupart des dons spirituels sont en fait des méronymes[197] de « prophétie », elle-même traduisant une métonymie[198] pour « Parole de Dieu ». En outre, la prophétie est le concept le plus largement utilisé dans l'AT pour évoquer la parole de Dieu adressée à son serviteur pour être ensuite communiquée au peuple. Mais dans sa définition biblique fondamentale, le terme prophétie n'est pas explicité; il n'est qu'une unité lexicale. La prophétie peut se confondre ou se distinguer d'autres dons spirituels, y compris les dons oratoires tels que la parole de sagesse, de connaissance, etc.

La thématique de l'accomplissement joue conjointement un rôle important. Dans le NT elle renvoie souvent à la prophétie écrite de l'AT. Les prophètes vétérotestamentaires les plus fréquemment cités dans le NT sont Ésaïe, Moïse et Abraham.[199]

Pour des raisons culturelles, la plupart des prophètes de l'AT et du NT sont des hommes. Cependant des femmes présentes dans l'AT telles que Myriam (Exode 15:20), Deborah (Juges 4:4), Huldah (LXX

[2 Rois] 22:14 ; 2 Chroniques 34:22), la femme d'Ésaïe (Ésaïe 8:3), ainsi que dans le NT, telles les quatre filles de Philippe (Actes 21:4),[200] Anna (Luc 2:26),[201] et les femmes prophètes non nommées dans Corinthiens (1 Corinthiens 11; 1 Corinthiens 14) constituent des exceptions. Aussi, la vie ecclésiale est typiquement charismatique, avec toutes sortes de dons spirituels déversés sans distinction sur les hommes et les femmes (Actes 2:17, 4:31, Joël 2:28–3:2) pour qu'ils continuent le ministère messianique prophétique de Jésus après son ascension par le Saint Esprit. C'est la raison pour laquelle Apocalypse 11:3 parle des deux prophètes témoins[202] de Jésus sur la terre, c'est-à-dire les Juifs et les non-juifs vivants entre la première venue du Christ et sa parousie. Cette ère correspond à la période du millénaire et au temps de la tribulation (Luc indique clairement que le temps de la tribulation des disciples de Jésus commence au premier siècle après Jésus). Cette égalité vécue entre les femmes et les hommes grâce à l'effusion de l'Esprit saint, conduit la femme, malgré le contre-sens culturel permanent de la supériorité masculine, à son désir naturel de manifester sa nouvelle valorisation. Celle-ci est basée sur l'acceptation de Dieu, son désir d'être considérée comme un partenaire de dialogue valable et d'être même utilisée pour la proclamation de la vérité. Cela a souvent conduit à des conflits dans l'Église ; conflits qu'il fallait résoudre. Il faut à la fois comprendre la nouvelle réalité d'une vie en Christ tout en tenant compte de la lenteur du changement dans les mentalités. Par conséquent, les normes culturelles doivent être respectées sans pour autant leur accorder une valeur absolue, et il faudrait allouer un certain temps avant de voir s'effectuer un changement dans les consciences. En somme, il faut que les absolus culturels puissent progressivement être évalués comme relatifs dans la conscience collective du groupe. Pierre, par exemple, a eu besoin de beaucoup de temps pour comprendre que la kashrout (cf. Actes 10 et Galates 2), ne devait pas être considéré comme un motif absolu, alors qu'il n'était que relatif aux yeux de Dieu. Afin de permettre à ce processus de se dérouler dans le calme, Paul est conduit à exhorter la femme pour qu'elle continue de se soumettre à son mari, ou renonce à toute tentative de domination sur les hommes de l'Église, et ne parle qu'en cas de parole donnée par le Saint-Esprit, sans effusion d'émotions. Le fait demeure que la prophétie est potentiellement une parole de Dieu, et que le Saint-Esprit peut utiliser les femmes autant que les hommes pour recevoir cette parole appropriée aux circonstances. La prophétie est aussi un type d'enseignement, une instruction de Dieu qui conduit à appliquer à de nouvelles circonstances ce qui est écrit dans la parole écrite. Adressée à toute l'Église comme instruction de Dieu, elle place alors la femme, qui prophétise en position d'autorité sur un groupe mixte. Il en va de même pour un message en langues avec interprétation, un mot de connaissance ou un mot de sagesse. Bien que peu de textes de ce que le NT appelle prophétie soient écrits et n'aient pas le même niveau d'autorité que l'Écriture, elle est appliquée à des événements et des circonstances spécifiques. On y explique l'enseignement fondé sur l'Écriture et cela perpétue la tradition orale vouée à devenir Écriture. Dans la mesure où elle reflète un enseignement correct, la prophétie, qu'elle soit donnée par un homme ou une femme, à autorité et doit être appliquée. C'est une œuvre de l'Esprit basée sur l'amour, transmise par l'intermédiaire d'un serviteur ou d'une servante et ayant pour but d'édifier, de construire constamment l'Église dans la paix. On ne devrait donc s'y opposer que si elle n'est pas donnée avec la bonne motivation, si son contenu est incorrect ou si elle est en contradiction avec les Écritures. Qu'elle soit donnée par un homme ou par une femme ne fait pas partie des critères d'évaluation, selon l'enseignement de Paul.

Exousia (Ἐξουσία)

Le Père a délégué toute autorité[203] et tout pouvoir au Christ pour enseigner, pardonner les péchés, guérir les malades, chasser les démons et contrôler les autorités terrestres et célestes qui collaborent avec lui ou qui s'y opposent.[204] Christ a délégué une partie de son autorité sous forme de pouvoir terrestres,[205] et une partie de son autorité sous forme de pouvoir spirituels.[206]

Il l'a tout d'abord déléguée aux apôtres,[207] puis à toute l'Église pour prêcher et enseigner l'Évangile, chasser les démons, guérir les malades, faire toutes sortes de miracles et révéler la sagesse de Dieu,[208] dans l'objectif de bâtir l'Église, et non de la détruire.[209] Les non-croyants autant[210] que les croyants[211] sont responsables devant cette autorité conférée par Christ dans le but d'accomplir les desseins rédempteurs et pacifiques du Divin.

En Christ, les femmes sont également couvertes de cette autorité quand le Saint-Esprit les utilise pour instruire et édifier l'Église.[212] En Christ et par Christ, elles ont reçu la même autorité que leurs frères. Il existe à ce propos différents types d'autorité liés aux différents dons et ministères, mais ceux-ci ne sont en aucun cas basés sur le sexe, l'ethnie ou la classe sociale. Aucun texte ne fait de différence d'*exousia* (ἐξουσία) entre les hommes et les femmes.[213] L'*exousia*, communiquée par l'Esprit, conduit tout le peuple de Dieu à travailler main dans la main pour le ministère divin.

Junias, une femme parmi les apôtres : Réponse à Daniel B. Wallace « Junia était-elle vraiment un apôtre ? »[214]

Le consensus scientifique actuel, voie complémentaristes incluse,[215] table sur le fait que Ἰουνιᾶς en Romains 16:7 soit une femme. Le désaccord persiste quant à savoir si elle était « exceptionnelle parmi les apôtres » (et donc apôtre) ou « très estimée par les apôtres » (et donc pas apôtre):

> ... *hoitines eisin episēmoi en tois apostolois*
> ... οἵτινές εἰσιν ἐπίσημοι ἐν τοῖς ἀποστόλοις (Rom 16:7b)

La fonction fondamentale de *episēmos* (ἐπίσημος) est de distinguer quelque chose ou quelqu'un au sein d'un groupe du même genre. Provenant de *sēma* (σῆμα) ou *sēmeion* (σημεῖον), le terme est renforcé par la préposition *epi* (ἐπί) et fonctionne comme un antonyme de *asēmos* (ἄσημος), sans aucun signe de distinction particulier. Le groupe du même type auquel la chose ou la personne est comparée est mentionné explicitement ou implicitement dans le contexte immédiat, de sorte que la comparaison et le point de distinction puissent être une partie intelligible de la communication envisagée. Dans Romains 16:7, il n'y a pas de définition implicite ou explicite du groupe auquel *episēmos* (ἐπίσημος) peut se référer, en dehors du groupe des apôtres. Ce dernier doit alors désigner le groupe de comparaison dont fait partie l'élément caractérisé par *episēmos* (ἐπίσημος). Cela signifie que les apôtres *doivent* être inclus dans le groupe et *ne peuvent* y être exclus. En d'autres termes, le seul groupe désigné par *episēmos* sont les apôtres, raison pour laquelle Junia doit être comptée parmi eux.

La compréhension de Wallace quant à la signification de *episēmos* (ἐπίσημος) est sémantiquement et syntaxiquement fausse. Sa pensée est dominée par la langue anglaise. Il assimile *episēmos* à « known to », (« connu de ») ou « observed by » (« observé par ») comme s'il s'agissait d'un verbe au passif ou « *en* » (« ἐν ») utilisé comme datif instrumental avec un verbe, alors que ἐπίσημος n'est pas un verbe. La nuance de « perception » ne l'aide pas, parce que même s'il est capable de contourner l'idée de l' « agent », il interprète toujours l'adjectif comme s'il était un verbe (de per-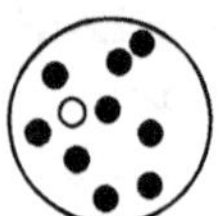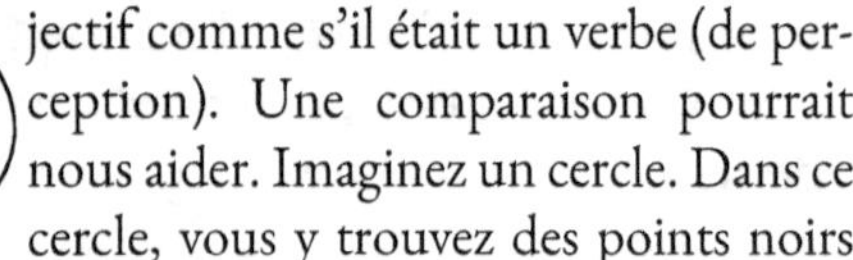ception). Une comparaison pourrait nous aider. Imaginez un cercle. Dans ce cercle, vous y trouvez des points noirs et un point blanc. Le point blanc est *episēmos* (ἐπίσημος). C'est un point, quoique différent des autres, qui se trouve dans le cercle. Cela se vérifie pour *tous* les exemples que Wallace fournit quand *episēmos* utilise le génitif, avec un « *en* » (« ἐν ») à la fois personnel et impersonnel. Telle est l'idée sous-jacente communiquée par l'étiquette ou le *semeion* linguistique (σημεῖον), le signe, appelé *episēmos*. Le Juif est le point blanc au milieu des points noirs, à l'intérieur du cercle. Il n'est pas en dehors du cercle. Il fait partie du groupe de référence. Il n'y a pas un seul exemple que Wallace ait été capable de donner dans lequel *episēmos* ait indiqué un élément en dehors du cercle, en dehors de l'image, des choses ou des personnes observées. Ce n'est pas que le Juif soit en dehors du groupe de référence, le Juif est identifié, précisément parce qu'il fait partie du groupe, au milieu des païens. Ainsi, il se démarque.

À ce propos, une remarque syntaxique s'impose: Wallace traite *episē-mos* comme s'il s'agissait d'un groupe verbal : soit un verbe accompagné d'une certaine préposition et ayant une certaine signification, soit une collocation d'un nom accompagné d'une préposition ou encore un adjectif accompagné d'une préposition comme collocation. *Episēmos* n'est pas une collocation avec « *en* » (ἐν). La collocation n'est pas simplement une juxtaposition de mot. C'est une unité syntaxique composée d'éléments qui forment une synergie sémantique. Dans tous les cas où « *en* » (ἐν) est employé, il s'agit d'une préposition à part entière, introduisant une construction prépositionnelle, non une préposition issue d'une collocation dans n'importe quelle partie du discours, mais dans ce cas un adjectif.

En d'autres termes, *episēmos* doit être considéré comme un adjectif qui ne forme pas de collocation avec la préposition « *en* » (ἐν) et, par conséquent, ne forme pas d'unité syntaxique avec elle. « *En* » (ἐν) fait partie d'une construction prépositionnelle incluant le nom suivant et est donc le plus souvent *locativus* ou *instrumentalis* en sémantique. Dans le cas de l'*instrumentalis*, qui se veut « exclusif » chez Wallace, le nom est l'agent, que le verbe soit un verbe de perception ou non. Cependant, dans les cas analysés, y compris en Romains 16:7, « *en* » (ἐν) n'indique pas l'agent mais le groupe d'identification. En aucun cas « *en* » (ἐν) ne peut indiquer un agent en lien avec *episē-mos* car le verbe n'a pas la même construction que l'anglais « well known » (« bien connue »), suivi de la préposition « by » (« par »), indiquant l'agent ou le spectateur. Une des erreurs d'analyse de Wallace consiste à superposer la construction verbale anglaise à l'adjectif *episēmos* comme s'il s'agissait d'un verbe. Même si la traduction « bien connue » peut parfois être tout à fait correcte, la perspective dans le texte grec n'est jamais liée à l'idée d'agents ou de spectateurs faisant l'activité d'observer quelque chose. L'adjectif *episēmos*, décrit l'image d'un groupe de choses ou de personnes et le fait qu'un élément parmi ce groupe se distingue, sans pour autant exclure l'élément de l'image du groupe. Quand il y a un Juif parmi les Grecs, l'adjectif *episēmos* ne communique pas l'idée de deux groupes distincts ou d'un élément en dehors du groupe, mais il décrit l'image d'un groupe : des personnes et un élément parmi elles, qui se diffère ; autrement dit un Juif au lieu d'un Grec ici. C'est ce que nous trouvons dans Romains 16:7 où Paul évoque le groupe indéfini des apôtres, puis deux individus qui se distinguent de ces derniers, mais faisant partie du même groupe. Une éventuelle admiration des apôtres pour deux individus qui ne font pas partie du groupe, n'a pas de sens ici, parce que *episēmos* n'est pas un participe verbal construit avec « en » (ἐν) pour présenter l'agent. En tout état de cause, le terme « perception » est utilisé et analysé par Wallace de manière inappropriée, car s'il ne s'agissait que de perception, il n'y aurait pas d'acte volontaire. La question est : comment Andronicus et à Junia peuvent-ils faire l'objet d'éloges ou recevoir les honneurs sans un acte volontaire évaluable qui leur donnerait de la valeur ?

La préposition « en » (ἐν) possède 16 occurrences dans Romains 16 et 14. À l'exception de Romains 16:7, elles sont employées au *dativus locativus*, contre 1 au *dativus instrumentalis* (« … par un saint baiser »/*en philēmati agiō*/ἐν φιλήματι ἁγίῳ [v. 16]). Chaque fois qu'une personne est en vue, « en » (« ἐν ») est utilisé comme *locativus*. Nous sommes donc contraints d'admettre qu'Andronicus et son épouse Junia forment un couple qui aux yeux des Romains, étaient considérés comme de véritables apôtres, bien plus véritables que d'autres, à une époque où ils sont pourtant nombreux à être considérés comme tels. En 57 apr. J.-Chr., nous retrouvons ceux qui se considèrent comme apôtres, mais que Paul nomme « faux apôtres », et ceux que Paul considère aussi lui-même comme étant dignes du titre d'apôtre, tels Androni-cus et Junia. Ceci est conforme à la liste des dons ministériels plus tardivement évoqués par Éphésiens 4:11, toutes ces fonctions pouvant être exercées à la fois par des hommes et par des femmes.

En ce qui concerne l'usage que Paul fait du terme apôtre, *apostolos* (ἀπόστολος), l'auteur se considère lui-même comme un apôtre,[216] bien que certains doutent de lui.[217] Dans les récits évangéliques, la plupart des références aux apôtres s'applique aux douze, mais Paul mentionne d'autres personnes à considérer spécifiquement comme de vrais apôtres, tel que Pierre,[218] Tite,[219] Épaphrodite,[220] et Jacques, le frère du Seigneur[221] (pas du 12/13).[222]

Dans de nombreux textes, Paul fait référence à un groupe indéfini de personnes[223] dont il qualifie certains de faux apôtres ou, ironiquement, de super-apôtres.[224] Certains d'entre eux sont membres de son équipe.[225] D'autres qui ne le sont peut-être pas, sont a contrario toujours considérées comme des apôtres par l'apôtre des païens.[226] Au moment où il écrit aux Romains, (probablement vers l'an 57 de notre ère), on peut s'attendre à ce qu'un grand nombre d'apôtres soient reconnus par Paul. Il n'y a donc rien de surprenant à ce qu'il mentionne Andronicus et Junia comme en faisant partie. Parallèlement en Galatiens 1:17, «... et je ne montai point à Jérusalem vers *ceux qui furent apôtres avant moi*, mais je partis pour l'Arabie. Puis je revins encore à Damas », Romains 16:7 pourrait aussi faire référence à des apôtres en devenir et non à leur conversion : « Saluez Andronicus et Junias, mes parents et mes compagnons de captivité, qui jouissent d'une grande considération parmi les apôtres, et *qui même ont été en Christ avant moi.* » (*hoi kai pro emou gegonan en Christō*/οἳ καὶ πρὸ ἐμοῦ γέγοναν ἐν Χριστῷ).

Contrairement à ce qu'affirme Wallace. Il n'y a donc pas de groupe fixe d'apôtres ni dans l'esprit de Paul ni dans celui des Romains. Cela signifie également qu'il ne peut y avoir aucune communication de Paul aux Romains selon laquelle un groupe spécifique d'apôtres reconnus aurait accordé une grande considération à Andronicus et

Junia, car ce groupe n'existe pas. Le locatif en revanche, fait parfaitement sens, parce que ces deux personnes devraient dès lors être considérées comme des apôtres. Par conséquent, l'article défini ne définit pas un groupe spécifique d'individus appelés communément « apôtres », mais identifie les apôtres comme étant une catégorie ministérielle, ouverte, dans laquelle Andronicus et Junia devraient être placés. Junia est un don à l'Église (Romains 12:1–7; 8:6; Éphésiens 4:11) de la part de l'Esprit (Romains 8:6; 12:1–7; Éphésiens 4:7–11).[227] La femme-apôtre accomplissait fidèlement son ministère afin d'apporter sa pierre l'édifice de la paix (Romains 1:7).

CONCLUSION

Nous voilà arrivés à la fin de notre discussion sur l'harmonie entre la femme et l'homme dans le service. Nous avons vu que la merveilleuse création de Dieu culmine dans l'être humain créé à l'image de Dieu. Dieu est un être relationnel aimant : il crée l'être humain afin d'entretenir avec sa créature - masculine et féminine - une relation de shalom, de la même façon qu'ils entretiennent entre eux une relation de paix parfaite. Bien que la hiérarchie entre l'homme et la femme soit une forme établie de la société patriarcale, elle ne permet pas une relation de paix parfaite entre un mari et son épouse, entre l'homme et la femme, à l'intérieur comme à l'extérieur de l'Église.

Sans compter sur l'argument universel dictant que l'Esprit habilite les femmes autant que les hommes, cela vaut particulièrement dans les cultures où la femme a les mêmes possibilités d'éducation et de direction que les hommes dans la société. L'objectif à long terme doit, sans réserve être, celui d'une collaboration avec l'Esprit saint qui emploie les femmes comme il l'entend, et génère la paix entre hommes et femmes au sein des foyers, à l'Église et partout où ils travaillent ensemble. Bien que la perfection absolue soit une expérience réservée à l'éternité, - à savoir après la seconde venue du Christ, engager un processus vers cette perfection, c'est reconnaitre que l'égalité semble être une base permettant d'expérimenter une relation de shalom entre l'homme et la femme, les deux servant en harmonie pour promouvoir l'évangile et renforcer l'unité dans l'Église.

La domination de l'homme sur la femme était une malédiction, une punition pour le péché commis. Genèse 3:16 est le point de départ de cette domination. Il ne s'agissait pas d'une détérioration d'un leadership préexistant, mais d'une relation qui ne serait pas authentiquement pacifique parce que l'homme dominerait sur la femme. Quand l'homme domine sur la femme ou inversement, quand la femme domine sur l'homme, il n'y a pas de véritable paix possible, mais seulement un état relatif d'absence de guerre à la manière grecque. Nous sommes si loin de l'idéal du shalom parfait promu par la Bible hébraïque et également communiqué dans le texte grec du Nouveau Testament. Si l'homme pratique un leadership aimant au lieu d'une tyrannie, on a certainement déjà beaucoup avancé. Néanmoins, la restauration de l'Esprit saint est un retour à l'unité basée sur l'égalité, car la femme autant que l'homme est créée à l'image de Dieu et est dotée du même Esprit saint pour servir au-delà de toute distinction culturelle. La distinction de sexe que Dieu a créée ne détermine nipas les rôles ni les fonctions à l'intérieur de l'Église.

Notre discussion a ici démontré que l'état initial de l'Éden n'inclut pas la domination de l'homme sur la femme. C'est une conséquence de la chute. Depuis lors, le Saint-Esprit a restauré cette relation altérée. La relation de paix résulte alors de leur degré de réponse à l'Esprit Saint et de la mesure de leur collaboration pour l'instauration de la paix. Nous avons davantage centré ce sujet sur l'Église que sur le foyer. Nous avons vu, dans l'Ancien et dans le Nouveau Testament, que le Saint-Esprit travaillait de diverses manières, dans et à travers la vie d'hommes et de femmes, en principe sans aucune distinction, excepté pour ce qui concerne la différence sexuelle physique. Seules les cultures crées par l'homme ont attribué des rôles fonctionnels selon le sexe. Les textes prophétiques de l'Ancien Testament et les textes d'accomplissement du Nouveau Testament montrent que les femmes sont autant et pareillement l'outil de Dieu, signe caractéristique de l'ère messianique, qui commence par la première venue de Jésus sur terre. Le Saint-Esprit équipe les femmes autant que les hommes avec toutes sortes de dons spirituels, sans distinction ni discrimination basée sur la nature du sexe. Personne ne devrait donc placer de limitations là où elles ne sont pas imposées par le Saint-Esprit. Il en a clairement résulté un amoindrissement de puissance dans la restauration et la croissance de l'Église, ainsi qu'une limitation de la création de Dieu et de son dessein rédempteur pour la terre. À vrai dire, cette thèse veut, dans sa visée pratique, encourager une collaboration avec l'Esprit saint afin, d'une part, d'intensifier les relations de paix au sein de l'Église, en particulier par une meilleure attitude envers l'autre sexe, et d'autre part arriver à la pleine acceptation des partenaires dans le ministère, au-delà des frontières du genre. C'est l'appel que nous souhaitons lancer.

DÉFINITIONS

ad hoc	Un argument né du moment même.
Analyse du discours	Analyse du texte qui est basée sur une unité de texte en tant que discours et qui identifie les liens logiques entre les éléments du texte concernant la signification dans ce texte particulier, en particulier dans le domaine de la grammaire, de la syntaxe et des concepts. Par exemple, dans les salutations pauliniennes, la « grâce » est un aspect de la « paix ».
antoniem	Un concept qui signifie le contraire de la signification d'un autre concept dans le texte. Par exemple, « malédiction » signifie le contraire de « bénédiction. »
champ semantique	La gamme de signification d'un concept. Par exemple, shalom (paix) en hébreu inclut les idées de joie, de grâce, d'amour, de droiture, et autres.
coextension	Un concept qui est lié à un autre concept dans le texte. Par exemple, « grâce » est une extension méronymique de « paix », ce qui signifie que la grâce fait partie de l'idée de paix.
critique sociale	Analyse du texte qui s'appuie sur des phénomènes sociaux. Par exemple, « l'identification » est un concept sociologique qui joue un rôle important et qui provoque des conflits entre différents groupes au sein de l'Église, comme les Juifs et les gentils. Un autre exemple serait l'esclavage et la manière dont il affecte la structure sociale de l'Église et jusqu'à quel point les esclaves peuvent avoir un autre statut dans l'Église qu'en dehors de l'Église et comment la relation entre un maître et un esclave change lorsque les deux deviennent membres de l'Église.
epilogos	Conclusion.
hypotactique	Un concept qui se trouve sous un autre concept dans l'ordre hiérarchique de signification. Par exemple, dans un contexte de pater familias, « femme » est hypotactique à l'homme. Un autre exemple serait en Romains 5:1 « la justice » est hypotactique par rapport à la « paix » parce que, suivant ce texte, la justice mène à la paix.
instrumentalis	Un cas grammatical qui indique l'idée de moyen ou d'instrument [Avec quoi ?]. Par exemple : « Le professeur enseigne l'élève en se basant sur des livres ». "
locativus	Un cas grammatical qui indique l'idée de lieu. Par exemple : « Le professeur enseigne l'élève dans la classe ».
meronym	Un concept qui fait partie du champ sémantique d'un autre concept dans le discours (texte), par exemple la joie est un méronyme ou un aspect de la paix.
niphal	Le passif du qal, par exemple, « L'animal est nommé ». Comme dans Genèse 2:23, le niphal de *qārā'* [קָרָא] est utilisé: *yiqqārē'*

[יִקְרָא]. Voir: *qārā'* [קָרָא].

pater familias — Une culture, comme c'était le cas au 1er siècle de l'Empire romain, qui est organisée de façon hiérarchique et dominée par les hommes.

qal — La voix de base pour les verbes en hébreu, voix active, par exemple : L'homme nomme animal ».

Septuaginta (LXX) — La première traduction d'autorité du texte hébreu de l'Ancien Testament vers 250 av. J.-C. pour le judaïsme hellénistique. Le texte biblique le plus largement utilisé dans les synagogues et les Églises en dehors de la Judée dans l'Église du 1er siècle et le texte de référence pour la plupart des citations des auteurs du NT venant de l'Ancien Testament.

synoniem — Un concept qui signifie plus ou moins la même chose qu'un autre concept dans un texte. Par exemple, le mot « grec » dans un texte donné peut avoir le même sens que « gentil ».

traditum — Le texte qui était considéré comme la norme et qui a donné lieu à une interprétation et à une adaptation par la suite.

❧

'ădāmâ' — *terre rouge, argile.* La matière à partir de laquelle Dieu a formé Adam, d'où vient son nom. En hébreu : אֲדָמָה

adelphoi — *les frères.* En grec : ἀδελφοί

adontes — *chanter.* Participe du verbe « adorer », « chanter », verbe *adō* (ᾄδω). En grec : ᾄδοντες

agapaō — *aimer.* En grec: ἀγαπάω

allelōn — *les uns les autres.* En grec: ἀλλήλων

andros — *l'homme.* Génitif grec du nominatif *anēr.* En grec : ἀνδρός

anēr — *homme, mari.* Utilisé pour l'humanité dans la Septante. En gred: ἀνήρ

antropos — *l'humanité.* Peut signifier « homme » mais est utilisé par Paul principalement dans le sens générique, se référant à l'homme et à la femme ensemble en tant qu'humanité. En grec : ἄνθρωπος

archē — *le début, la source.* En grec : ἀρχή

authenteo — *dominer, régner sur.* Dominer d'une manière dure, inappropriée et peu aimante. Utilisé dans 1 Timothée 2:12, « Je ne permets pas à une femme d'enseigner ou de dominer un homme ». En grec : αὐθεντέω

authentes — *maître, auteur.* En grec: αὐθέντης

bānâ — *créer, façonner, former.* L'activité de façonnage et de création de la part de Dieu, qui façonne Ève à par-tir de la côte d'Adam (Genèse 2:22). bānâ est utilisé pour la construction d'une ville (Genèse 4:17), de la tour de Babel (Genèse 11:4), d'un autel pour Dieu (Genèse 23:7), et autres. En hébreu : בָּנָה

bārā' — *créer.* Principalement l'activité créatrice de Dieu, par exemple Genèse 1:1, « Au commencement, Dieu créa... ». En hébreu : בָּרָא

bêtî — *ma maison, mon temple.* En hébreu : בֵּיתִי

christos le Christ. En grec : χριστός

dəmût la ressemblance avec Dieu, être comme quelqu'un ou quelque chose, avoir de nombreux attributs en commun, mais pas tous. En hébreu : דְּמוּת

diabolos le diable ou l'adversaire. En grec : διάβολος

diakonia ministère, service. Se réfère à tout type de ministère, par exemple enseigner la parole (Actes 6:4), servir aux tables (Actes 6:1), la plupart des occurrences se réfèrent à la prédication ou à l'enseignement. En grec : διακονία.

diakonos ministre (de la parole). Paul utilise ce mot concernant l'Église exclusivement pour ceux qui prêchent et enseignent. Un *diakonos* est souvent quelqu'un dont le ministère ne se limite pas à une Église locale, tandis que *presbyteros* est utilisé pour les chefs d'Église locaux, à côté de episkopos. L'ancien et le superviseur [voir *episkopos*] ont la même fonction de direction dans les Églises locales du 1er siècle. *Episkopos* vient de l'imagerie militaire grecque, par exemple le chef de l'armée. En grec : διάκονος

didaskontes enseignants (forme du participe). En grec : διδάσκοντες.

dikaiosunē un caractère vertueux (incluant la grâce et l'amour). En grec : δικαιοσύνη.

doulos esclave. En grec : δοῦλος.

eirēnē la paix dans le Nouveau Testament qui est utilisé dans le sens sémitique, donc pas la simple absence de guerre (comme la pax Romana socio-politique du 1er siècle ou eirēnē de l'Empire romain entre 27BCE ~ 180CE), mais plutôt la paix socio- économique absolue dans toute sa plénitude, son intégralité et sa fécondité. En grec : εἰρήνη.

ēl rŏi « Celui qui s'occupe de moi ». Du verbe hébreu pour « voir ». Le nom par lequel Agar appelle Dieu en Genèse 16:13. En hébreu : אֵל רֳאִי

en dans ou par (préposition). En grec : ἐν.

enoikeitō habiter, vivre (3ème personne de l'impératif du verbe). En grec : ἐνοικείτω.

episēmos remarquable. Être exceptionnel ou remarquable par rapport à d'autres personnes de sa catégorie. Utilisé dans Romains 16:7b pour l'apôtre féminin exceptionnel Junia, « ...exceptionnel parmi les apôtres ». En grec : ἐπίσημος; *epi* [ἐπί] = sur ; *sēmeion* [σημεῖον] = marque, signe; *asēmos* [ἄσημος] = normal, de base, non-remarquable.

episkopos évêque, superviseur (chef de l'Église locale). L'évêque et l'ancien [voir *presbyteros*] ont la même fonction de direction dans les Églises locales du 1er siècle. *Episkopos* vient de l'imagerie militaire grecque, par exemple le chef de l'armée. En grec : ἐπίσκοπος.

epitrepō autoriser, permettre. Utilisé dans 1 Timothée 2:12, « Je ne permets pas à une femme d'enseigner ou de dominer un homme ». Le verbe est utilisé pour l'application circonstancielle de principes bibliques. En grec : ἐπιτρέπω.

exousia autorité. L'autorité donnée par Dieu à chaque croyant, homme et femme, par l'Esprit pour témoigner en enseignant, en prê-chant l'évangile, en chassant les démons, en guérissant les mala-des, en faisant des miracles, et autres. En grec : ἐξουσία.

ʿēzer   *aide, assistance.* Pour Adam, aucun partenaire n'a été trouvé parmi les animaux, alors Dieu a créé Ève comme aide pour lui. (Genèse 2:18, 20) Dieu également est presenté comme aide pour l'humanité. (Deutéronome 33:7) L'aide n'a donc rien à voir avec l' hiérarchie, mais plutôt avec la collaboration. En hébreu : עֵזֶר

gunē   *femme, épouse.* En grec : γυνή.

har   *montagne.* En hébreu : הַר

ḥavvâ   *Ève,* qui signifie « la vie ». En hébreu : חַוָּה

hymnoïs   *hymnes, chants de louange* dans le culte (datif pluriel,). En grec : ὕμνοις

ʾîš   *homme.* Le mot hébreu pour femme est « homme » avec la ter-minaison féminine. En hébreu : אִישׁ

ʾiššâ   *femme.* Le mot hébreu pour « homme », ʾîš [אִישׁ] mais avec la terminaison féminine *-â* [ה ָ], donc *ʾiššâ* [אִשָּׁה]. En hébreu: אִשָּׁה

kāḇaš   *soumettre.* L'humanité a pour tâche de soumettre la création en la dominant et en se multipliant. Ils ne doivent pas s'assujettir les uns aux autres comme homme et femme (Genèse 1:28). Mal-gré ses connotations violentes dans l'usage général du mot, le règne au paradis n'était pas censé être violent mais pacifique. En hébreu : כָּבַשׁ

kə   *comme.* Particule comparative. En hébreu : כְּ

kephalē   *tête, source.* Le « headship » ou leadership masculin comme modèle de relation maritale (l'homme comme chef de famille) est une création de la théologie complémentaire et des cultures masculines. Les textes bibliques présentent le mari comme le chef de la femme, mais ils présentent toutes les femmes comme la source de l'homme également, ce qui conduit à un équilibre des pouvoirs dans le mariage. Un jeu de mots paulinien avec le mot hébreu pour « tête » [voir *rōʾš*] qui signifie également « source » ou « commencement ». Utilisé dans 1 Cor 11:3, 12, par exemple « le chef de la femme est son mari » l'homme est main-tenant né de la femme. En grec : κεφαλή.

lāqaḥ   *prendre.* En hébreu: לָקַח

māšal   *régner, dominer.* Les rois règnent sur une nation, ce qui peut avoir des connotations positives. Mais ce type de domination n'a jamais été prévu d'exister entre un homme et une femme. Māšal apparaît en même temps que *təšûqâ* après la chute. Genè-se 3:16, « Ton désir sera contraire à (*təšûqâ*) ton mari, mais il dominera sur (*māšal*) toi », fait référence à l'homme et à la fem-me se faisant la guerre, l'homme cherchant à dominer sur la femme, et la femme cherchant à manipuler et à comploter cont-re l'homme pour le dominer. Genèse 4:7, « Le désir [du péché] est contraire à toi, mais tu dois le dominer », présente la parole de Dieu à Caïn, qui est censé contrôler et dominer le péché. En hébreu : מָשַׁל

mataiologia   *généalogies*. En grec : ματαιολογία.

miš'enet   *bâton*. En hébreu : מִשְׁעֶנֶת

nouthetountes   *exhorter*. En grec : νουθετοῦντες.

ōdais pneumatikais   *chants spirituels*. En grec : ᾠδαῖς πνευματικαῖς.

pēge   *source*. En grec : πηγή.

phlyaros   *ragot*. En grec : φλύαρος.

pneuma   *Esprit de Dieu, un esprit ou un ange, l'esprit humain*. Ce livre se concentre sur les passages avec l'Esprit de Dieu. En grec : πνεῦμα.

poimēn   *berger*. Utilisé une seule fois dans le NT pour une tâche ministérielle dans Ephèse 4:11, le reste étant principalement utilisé pour Dieu en tant que « bon berger de son peuple », ou dans Luc également pour les bergers qui adorent Jésus. En grec : ποιμήν.

prophēteia   (don de) la *prophétie*. Un don ministériel qui peut inclure d'autres dons tels que l'enseignement et qui n'est pas explicitement limité aux hommes. En grec : προφητεία.

proslambano   *recevoir, accepter*. En grec : προσλαμβάνω.

psalmois   *Psaumes*. Datif pluriel. En grec : ψαλμοῖς.

qārā'   *appeler, donner un nom*. Adam a donné des noms aux animaux en Genèse 2:20, où la voix active [voir : qal] est utilisée, « L'homme appelle tout le bétail ». Dans Genèse 2:23, avant la chute, Adam semble appeler la femme, « elle sera appelée Femme ». Mais ici, c'est la voix passive qui est utilisée [voir : nifal]. Adam ne nomme donc pas la femme dans ce texte comme il nomme les animaux. En hébreu : קָרָא

rāḏâ   *avoir la domination sur*. L'homme en tant qu'homme et femme a la tâche d'exercer sa domination sur les animaux (Genèse 1:26). Malgré ses connotations violentes dans l'usage général du mot, le règne au paradis n'était pas censé être violent mais pacifique. En hébreu : רָדָה

rō'š   *source, tête*. Utilisé dans l'Ancien Testament pour la tête, mais aussi pour le début et la source. En hébreu : ראש

rûaḥ   *Esprit de Dieu, un esprit ou un ange, l'esprit humain*. Ce livre se concentre sur les passages avec l'Esprit de Dieu, *rûaḥ 'ǎdōnāy* (רוּחַ אֲדֹנָי), l'Esprit du Seigneur. En hébreu : רוּחַ

šālom/shalom   *paix* au sens sémitique, donc non pas la simple absence de guerre (comme la pax Romana socio-politique du ıer siècle ou eirēnē de l'Empire romain entre 27BCE ~ 180CE), mais plutôt une paix socio-économique absolue dans toute sa plénitude, son intégralité et sa fécondité. En hébreu : שָׁלוֹם

shatan   *diable, opposant* ou *adversaire*. En hébreu : שָׂטָן

ṣēlā'   *côté* ou *aile d'un bâtiment*. Dieu a formé Ève à partir de la côte d'Adam (Genèse 2:22), les côtés du tabernacle. (par ex. Exode 26:20). En hébreu : צֵלָע

ṣelem   *image* (de Dieu ou des hommes). Adam et Ève sont ensemble l'image de Dieu. C'est-à-dire ils savent construire une relation de la manière que Dieu construit des relations, et ils sont repré-

         sentants de Dieu sur terre (fonctionnalité). Seth est l'image d'A-
dam en tant qu'homme, les filles d'Adam sont les images d'Ève
en tant que femmes. En hébreu : צֶלֶם

šēvet   *bâton.* En hébreu : שֵׁבֶט

sōzō   *sauver.* En grec : σῴζω; 1 Tim 2:15: « Il/elle sera sauvé(e) »
(*sōthēsetai*)." En grec : σωθήσεται.

teknogonia   *l'accouchement* et *l'éducation* de l'enfant. L'accent est littérale-
ment mis sur l'acte de donner naissance. En grec : τεκνογονία.

təšûqâ   *désir en opposition à quelqu'un.* Un comportement négatif de
contrôle et de manipulation pour comploter contre quelqu'un.
Après la chute, təšûqâ apparaît en même temps que māšal. Genèse 3:16, « Ton désir sera contraire à (təšûqâ) ton mari, mais il
régnera sur (māšal) toi », fait référence à l'homme et à la femme
se faisant la guerre, l'homme cherchant à dominer sur la femme,
et la femme cherchant à manipuler et à comploter contre
l'homme pour le dominer en revange. Genèse 4:7, « Le désir
[du péché] est contraire à toi, mais tu dois le dominer », présente la parole de Dieu à Caïn, qui doit contrôler et dominer sur le
péché. En hébreu : תְּשׁוּקָה

theos   *Dieu.* En grec : θεός.

yəlādîm, yəlādot   *enfants* (garçons et filles). En hébreu : יְלָדִים וִילָדוֹת

YHWH   Le nom personnel de Dieu est considéré comme trop saint pour
être prononcé, d'où vient l'importance du tétragramme
YHWH, que les Sémites prononcent habituellement *'ădōnāy*
[*'ădōnāy* = Seigneur; en hébreu : אֲדֹנִי]. À l'origine, le tétragramme se prononçait probablement *Jahweh*. Hebreeuws: יְהוָה

NOTES FINALES

[1] Voir mon doctorat qui sera publié en l'an 2020/2021, *La paix par l'Esprit Saint dans les lettres de Paul*.

[2] The Council on Biblical Manhood and Womanhood, « The Danvers Statement », CBMW site web, 1987, https://cbmw.org/about/danvers-statement ; Idem, « The Nashville Statement », CBMW site web, 2017. https://cbmw.org/ nashville- statement ; John Piper et Wayne Grudem, eds., *Recovering Biblical Manhood and Womanhood : A Response to Evangelical Feminism*, 3ème éd. (Wheaton : Crossway, 2006). Traduit: *Retrouver la masculinité et la féminité bibliques*

[3] En commençant par la création et non par la chute, donc comme un principe universel.

[4] Christians for Biblical Equality International, « Men, Women, and Biblical Equality, » CBE page web, 1989, http://www. cbeinternational. org /sites/default/ files/english_0.pdf ; Ronald W. Pierce, Rebecca Merrill Groothuis, et Gordon D. Fee, éds., *Discovering Biblical Equality : Complementarity without Hierarchy* (Downers Grove : InterVarsity, 2005); Traduit: *À la découverte de l'égalité biblique : complémentarité sans hiérarchie.*

[5] Cela sera démontrépontré par mon doctorat qui sera publié en 2020/2021

[6] Sonja R. Hanke, « The Formation of Christian (Gender) Identity in Galatians 3:28 : A Historical-Critical and Intertextual Study » (Mémoire de maîtrise, Continental Theological Seminary, 2017).

[7] Aida Besançon Spencer, « Does God Have a Gender? » *Priscilla Papers* 24.2 (2010): 5–12; Beth M. Stovell, « The Birthing Spirit, the Childbearing God: Metaphors of Motherhood and their Place in Christian Discipleship », *Priscilla Papers* 26.4 (2012): 16–21.

[8] « (...) entre autres choses, 'image' signifie que les êtres humains sont capables d'entrer en relation avec Dieu et les créatures de Dieu, le concept est aussi responsabilisant. Il (...) est bien plus positif que ce que notre insistance sur le péché humain nous a fait imaginer, » W. Sibley Towner, « Clones of God: Genesis 1:26–28 and the Image of God in the Hebrew Bible, » *Interpretation* 59.4 (2005): 341–356.

[9] F. J. Stendebach, « צֶלֶם, » *TDOT* 12:382–86.

[10] « L'auteur (...) a adopté une formule ancienne, et dans les termes צֶלֶם et דְּמוּת il aborde avec prudence le mystère selon lequel l'homme est une image

terrestre de Dieu, qu'il est créé à la ressemblance d'Elohim », traduit de l'anglais, « The author (...) adopted an ancient formula, and in the terms צֶלֶם and דְּמוּת he is cautiously approaching the mystery that man is an earthly image of God, that he is created in the likeness of Elohim », Gerhard von Rad, « εἰκών », *TDNT* 2:381–96.

[11] Roland E. Murphy, *The Song of Songs : A Commentary on the Book of Canticles or the Song of Songs*, Hermeneia 22 (Minneapolis : Fortress, 1990), 187.

[12] Horst D. Preuss, « מָהָה » *TDOT* 3:250–59.

[13] L'argument égalitariste commun est le contraste entre l'humanité et les animaux plutôt que le contraste entre l'homme et la femme. Allison J. Young, « In the Likeness and Unity : Debunking the Creation Order Fal-lacy », *Priscilla Papers* 23.2 (2009): 13 ; Craig S. Keener, *Paul Women and Wives : Marriage and Women's Ministry in the Letters of Paul* (Grand Rapids : Hendrickson, 1992), 90 ; Susan Hunt, « Women's Ministry in the Local Church : A Covenantal and Complementarian Approach », *JBMW* 11.2 (2006), 39 ; Wayne Grudem, « *The Key Issues in the Manhood-Womanhood Controversy, and the Way Forward* », dans *Biblical Foundations for Manhood and Womanhood*, FFS 1, éd. Wayne A. Grudem (Wheaton : Crossway, 2002), 18–19.

[14] Avec Ludwig Koehler, « the son as the צֶלֶם of his father », Ludwig Koehler et al., « צֶלֶם », *HALOT* 3:1028–29 (Leiden : Brill, 1994–2000).

[15] Bien qu'il n'y ait pas de passage spécifique devers ṣelem et la fille d'Ève, Seth est ṣelem de Dieu comme Adam et Ève sont ṣelem de Dieu. Seth est ṣelem d'Adam et Ève en ce qui concerne les caractéristiques biogénétiques combinées, et Seth est ṣelem d'Adam en tant qu'homme en ce qui concerne la virilité biogénétique de Seth. En ce sens, on peut affirmer que leur fille correspondrait selon les mêmes principes.

[16] L'argument complémentariste typique, Bruce A. Ware, « Male and Female Complementarity and the Image of God », *JBMW* 7.1 (2002) : 14–23 ; Patricia A. Ennis, « Portraying Christian Femininity », *JBMW* 8.2 (2003) : 47–55 ; l'argument égalitariste typique, Alan G. Padgett, « What is Biblical Equality ? » *Priscilla Papers* 16.3 (2002): 22–25 ; Elizabeth W. McLaughlin, « Engendering the Imago Dei : How Christ Grounds Our Lives as Parables of the Divine Image », *Priscilla Papers* 23.2 (2009) : 16–20.

[17] Plus précisément, dans les v. 7 et 11, Paul utilise LXX 1 Esdras 4:17, καὶ αὗται ποιοῦσιν τὰς στολὰς τῶν ἀνθρώπων, καὶ αὗται ποιοῦσιν δόξαν τοῖς ἀνθρώποις, καὶ οὐ δύνανται οἱ ἄνθρωποι εἶναι τῶν γυναικῶν.

[18] Jacob Neusner, Alan J. Avery-Peck, et William Scott Green, éds., *The Encyclopedia of Judaism* (Leiden : Brill, 2000), 1483.

[19] Ibid.

[20] Neusner, Judaism, 1482 ; Neusner, Method and Meaning in Ancient Judaism (Missoula: University Of South Florida Press, 1979), 97.

[21] ἀρχὴ δὲ τῆς ὑπαιτίου ζωῆς αὐτῷ γίνεται γυνή; Opif. 151, dans William R. G. Loader, *Philo, Josephus, and the Testaments on Sexuality : Attitudes towards Sexuality in the Writings of Philo and Josephus and in the Testaments of the Twelve Patriarchs* (Grand Ra-pids : Eerdmans, 2011), 21.

[22] Bien entendu, ce principe ne se limite pas au couple mais s'applique également à toute personne seule vivant en harmonie avec d'autres personnes. L'accent mis sur l'unité est un argument égalitariste commun, l'accent mis sur la dépendance d'Ève à l'égard de l'existence d'Adam par les complémentaristes ; les Égalitaristes: Alexander Bearden, « On Whether 1 Corinthians 11:2-16 Allows an Egalitarian Exegesis," *Priscilla Papers* 19.4 (2005) : 18 ; Nancy Vyhmeister ed., *Women in Ministry : Biblical and Historical Perspectives* (Berrien Springs : Andrew University Press, 1998), 263 ; Complémentarités : Ware, « Male and Female Complementarity », 82 ; Nancy Leigh DeMoss, « Femininity : Developing », dans *Biblical Womanhood in the Home*, FFS (Wheaton : Crossway, 2002), 23.

[23] « (...) il [Adam] a reconnu le caractère unique et distinct de la femme en l'appelant ainsi, et a donc exprimé son leadership dans la relation », traduit de l'anglais : « (...) he [Adam] recognized the uniqueness and distinctiveness of woman by calling her such, and hence expressed his leadership in the relationship », Thomas R. Schreiner, « Philip Payne on Familiar Ground: A Review of Philip B. Payne », *JBMW* 15.1 (2010): 34; also Grudem, « The Key Issues », 26.

[24] « le texte ne dit nulle part que l'homme a exercé son autorité sur les animaux en les nommant », traduit de l'anglais: Richard S. Hess, « Equality With and Without Innocence: Genesis 1–3 », in *Discovering Biblical Equality*, éd. Pierce and Groothuis, 86–87.

[25] Le fait de donner un nom en tant que telle n'est pas un acte d'autorité. Le fait qu'Adam et Ève aient eu autorité sur les animaux n'est pas lié au fait de donner des noms, sinon ils n'auraient autorité que sur les animaux auxquels ils ont donné un nom. Mais Adam et Ève n'ont pas encore fini de nommer tous les animaux. En fait, chaque année, des centaines de nouvelles espèces sont découvertes et nommées, même aujourd'hui. Considérons la question sous un autre angle : il faut espérer que personne ne croit que les Français ont une autorité sur les Américains s'ils les appellent «

Américains »; voir aussi Eugenio Coseriu, *Sprachkompetenz* (Tübingen : Franke, 1988).

[26] John Skinner, *A Critical and Exegetical Commentary on Genesis*, ICC 1 (New York : Scribner, 1910), 69.

[27] Sur ses trente-neuf occurrences, *ṣēlāʾ*/ צֵלָע apparaît dix-neuf fois dans la délimitation de la construction du tabernacle et de son mobilier dans l'Exode 25–38 (par exemple, 25:12 ; 26:20, 26–27 ; 27:7 ; 30:4 ; 36:31–32 ; 37:3, 5, 27 ; 38:7). Elle apparaît également fréquemment dans la construction du temple de Salomon (1 Rois 6:5, 8, 15–16, 34 ; 7:3) et dans la vision d'Ézéchiel du nouveau temple (Éz 41:5–9, 11, 26). Le sens précis de *ṣēlāʾ*/ צֵלָע dans notre passage fait l'objet d'une certaine controverse. La note de texte de la VNI indique ici que l'hébreu peut être traduit par « une partie du côté de l'homme », mais *aḥat*/ אַחַת, qui signifie 'une', suggère qu'il s'agit d'une seule 'côte' (v. 21) ; voir aussi : Wilhelm Gesenius, et Samuel Prideaux Tregelles, *Gesenius' Hebrew and Chaldee Lexicon to the Old Testament Scriptures* (Bellingham : Logos Bible Software, 2003), 711.

[28] Gen 4:19 ; 6:2 ; 12:19 ; 19:14 K. A. Mathews, *Genesis 1–11:26*, NAC 1 (Nashville: Broadman & Holman, 1996), 216.

[29] Hess, « Innocence : Genesis 1–3 », 86–87.

[30] *bānâ*, to build, to construct est utilisé avec le tabernacle et le temple.

[31] Walter C. Kaiser Jr, « Correcting Caricatures : The Biblical Teaching on Women », *Priscilla Papers* 19.2 (2005) : 5 ; Gilbert Bilezikian, « Biblical Community versus Gender-Based Hierarchy : Understanding God's Definition of the Church as the Community of Oneness », *Priscilla Papers* 16.3 (2002) : 5 ; Stanley J. Grenz et Denise Muir Kjesbo, *Women in the Church : A Biblical Theology of Women in Ministry* (Downers Grove : InterVarsity, 1995), 164.

[32] Grudem, « The Key Issues », 32.

[33] Sur la notion d'Eden comme temple, G. K. Beale, *A New Testament Biblical Theology : The Unfolding of the Old Testament in the New* (Grand Rapids : Baker Academic, 2011), 617.

[34] Grenz, *Women in the Church*, 200–210.

[35] « ... homme, peut-être appelé ainsi par l'idée de la rougeur », Gesenius, *Hebrew and Chaldee Lexicon*, 13.

[36] Hess, « Innocence : Genèse 1–3 », 83.

[37] « La responsabilité première : Dieu a parlé à Adam en premier après la chute. Après qu'Adam et Ève aient péché, ils se sont cachés du Seigneur parmi les arbres du jardin. Puis nous lisons : « Mais le Seigneur Dieu appela l'homme et lui dit : 'Où es-tu ?' ; Traduit de l'anglais : «The primary

accountability: God spoke to Adam first after the fall. After Adam and Eve sinned, they hid from the Lord among the trees of the garden. Then we read, 'But the Lord God called to the man and said to him, 'Where are you?' (Gen 3:9) », Grudem, « The Key Issues », 30–31.

[38] En fait, le serpent se trouve dans une situation différente de celle d'Adam et Ève en ce sens que Satan n'a pas eu la possibilité de se repentir et de recevoir le pardon comme Adam et Ève. Jésus n'est pas mort pour les anges déchus, mais seulement pour l'humanité. Il n'y a donc pas de restauration possible entre Satan, les anges déchus et Dieu. Ils ont pris leur décision une fois pour toutes pour l'éternité. C'est pourquoi Dieu ne pose pas la question au serpent comme une occasion de se repentir, mais procède directement à sa proclamation de jugement.

[39] Avec Grenz, *Women in the Church*, 136.

[40] Grudem, « The Key Issues », 33, 35.

[41] Traduit de l'anglais : « L'expression 4,7 a le sens de 'désir, envie, impulsion contre' (ou peut-être 'désir de conquérir, désir de dominer'). Et ce sens s'accorde très bien avec Genèse 3, 16 également. (...) Ton impulsion, ton désir, sera contre ton mari », « The expression in 4:7 has the sense, 'desire, urge, impulse against' (or perhaps 'desire to conquer, desire to rule over'). » ; Traduit de l'anglais, « and that sense fits very well in Genesis 3:16 also. (...) Your impulse, your desire, will be against your husband, » Cited by Hess, « Innocence: Genesis 1–3 », 92; Hess, « Innocence: Genesis 1–3 », 92.

[42] Murphy, *The Song of Songs*, 187.

[43] Hess, « Innocence: Genesis 1–3 », 92.

[44] Grudem, *Foundations*, 34.

[45] K.-M. Beyse, « מָשַׁל », *TDOT* 9:64–68.

[46] Kaiser, « Correcting », 6 ; Grenz, *Women in the Church*, 166 ; Roger Nicole, « Biblical Egalitarianism and the Inerrancy of Scripture », *Priscilla Papers* 20.2 (2006) : 4.

[47] κατακυριεύσατε αὐτῆς καὶ καὶ ἄρχετε

[48] αὐτός σου κυριεύσει

[49] Avec Lisa Baumert, « Biblical Interpretation and the Epistle to the Ephesians », *Priscilla Papers* 25.2 (2011) : 25 ; Nicole, « Biblical Egalitarianism », 4 ; Contra Bruce Ware, « Because man was created by God in His image first, man alone was created in a direct and unmediated fashion as the image of God, manifesting, then, the glory of God », Ware, « Male and Female Complementarity », 85.

[50] Contra Jewett, qui estime que Paul a une « compréhension rabbinique

incorrecte du deuxième récit de la création seule », traduit de l'anglais :
« [an] incorrect rabbinic understanding of the second creation account
alone », Paul K. Jewett, *Man as Male and Female: A Study in Sexual
Relationships from a Theological Point of View* (Grand Rapids: Eerdmans,
1975), 119.

[51] « l'homme peut être appelé ainsi par l'idée de la rougeur », Gesenius,
Hebrew and Chaldee Lexicon, 13.

[52] Anthony C. Thiselton, *La première épître aux Corinthiens : A Commentary on the Greek Text*, NIGTC (Grand Rapids : Eerdmans, 2000), 1225.

[53] Tandis que pour les complémentaristes, tels que Knight, γάρ introduit la
raison de la direction de l'homme dans le récit de la Genèse, pour Paul, le
récit de la Genèse indique qu'une femme ne doit pas usurper l'autorité de
l'homme, mais n'indique pas non plus l'autorité de l'homme sur la femme.
Contra Knight, en partie avec Dibelius ; George W. Knight, *The Pastoral
Epistles: A Commentary on the Greek Text*, NIGTC (Grand Rapids: Eerdmans, 1992), 142; Martin Dibelius and Hans Conzelmann, *The Pastoral
Epistles: A Commentary on the Pastoral Epistles*, Hermeneia 46 (Philadelphia: Fortress, 1972), 48.

[54] Murray J. Harris, *The Second Epistle to the Corinthians : A Commentary
on the Greek Text*, NIGTC (Grand Rapids : Eerdmans, 2005), 739.

[55] Avec Grenz : « La préoccupation de Paul concernant la tromperie et la
perpétration de la tromperie par de faux enseignants (1 Tim 1:3–11 ; 4:1–5
; 5:15) a motivé son allusion à l'histoire de la Genèse », Grenz, *Les femmes
dans l'Église*, 137. Contre Grudem : « le Nouveau Testament présente
Adam, et non Ève, comme le chef représentatif de l'humanité déchue »,
traduit de l'anglais: « the New Testament pictures Adam, not Eve, as the
representative head of fallen humanity (Romans 5:17–19; 1 Corinthians
15:21–22) », Grudem, *Recovering*, 409.

[56] Leon Morris, *The Epistle to the Romans*, PNTC (Grand Rapids : Eerdmans, 1988).

[57] Douglas Moo, « Que signifie ne pas enseigner ou ne pas avoir d'autorité sur les hommes ? 1 Timothée 2:11–15 », dans *Recovering Biblical
Manhood and Womanhood*, éd. John Piper et Wayne Grudem (Wheaton :
Crossway, 2006), 181.

[58] Timothy D. Foster, « 1 Timothy 2:8–15 and Gender Wars at Ephesus »,
Priscilla Papers 30.3 (Summer 2016) : 3.

[59] Ibid.

[60] Πρεσβυτέρας dans 5:2 ; πρεσβύτιδας dans Tite 2:3, où les femmes âgées
enseignent explicitement.

⁶¹ Γυναῖκας dans 3:11 ne fait pas référence aux femmes des ministres masculins, mais aux femmes ministres parce qu'il n'y a pas de pronom personnel dans le génitif utilisé et parce que les mêmes critères que pour les ministres masculins s'appliquent, à l'exception du phénomène social selon lequel l'habitude grecque était que les hommes aient plusieurs femmes, et non que les femmes aient plusieurs hommes, bien que cela puisse aussi être le cas occasionnellement (5:9). Le fait qu'en 3:12, ce sont les hommes et non les femmes qui doivent bien présider leur famille doit être interprété dans le contexte culturel et n'exclut pas non plus les « foyers grecs où la femme pré-side la famille » (5:4, 14 [οἰκοδεσποτέω], le foyer de Lydie, Chloé, Prisca, etc.). Néanmoins, la tendance de base est que l'homme préside la famille.

⁶² 1 Tim 4:6 lie clairement διάκονος à l'activité d'enseignement ; en Tite 2:3 pour les femmes âgées.

⁶³ Dans 5:17, le contexte immédiat indique clairement que l'auteur pense activement aux veuves âgées qui sont des aînés, qui enseignent bien et qui devraient donc être rémunérées.

⁶⁴ Thomas R. Schreiner, « Review of Two Views on Women in Ministry », *JBMW* 6.2 (automne 2001) : 27.

⁶⁵ Moo, « What Does It Mean ».

⁶⁶ Il est vrai que les femmes âgées ont pour tâche principale d'enseigner aux jeunes femmes, mais leurs séances de con-seil pastoral, qui sont axées sur les femmes et non sur les hommes, ne doivent pas nous faire oublier que, tout comme les prophétesses parlent devant le groupe mixte, les enseignantes enseignent aussi à des groupes mixtes lorsqu'elles sont ensemble dans le service. Lorsque Paul dit à Tite d'apprendre aux jeunes hommes à se maîtriser, cela ne signifie pas qu'il ne doit pas aussi apprendre aux autres à se maîtriser. Cela ne veut pas dire non plus que Tite ne doit enseigner qu'aux hommes plus jeunes, mais surtout à ce groupe en ce qui concerne cet aspect. Ainsi, les femmes âgées doivent enseigner en particulier les jeunes femmes, mais pas exclusivement. Cela devient évident lorsque l'on observe Priscilla et Lydia, et d'autres, enseigner à l'ensemble de la congrégation mixte.

⁶⁷ Berkeley Mickelsen, « Who are the Women in 1 Timothy 2:1–15 (Part I) », *Priscilla Papers* 2.1 (Winter, 1988): 754–796; Idem. Part II, *Priscilla Papers* 2.2.

⁶⁸ Strong, « αὐθεντέω », *CDWGTHB* 1:17.

⁶⁹ Brannan, « αὐθεντέω », *LALGNT*.

⁷⁰ Arndt, « αὐθεντέω », *GELNTOECL* 1:150; Linda L. Belleville, « Exege-

tical Fallacies in Interpreting 1 Timothy 2:11–15 », *Priscilla Papers* 17.3 (2003): 3–11; cf. Jamin Hübner, « Translating αὐθεντέω (*authenteō*) in 1 Timothy 2:12 », *Priscilla Papers* 29.2 (2015): 16–26; Grenz, *Women in the Church*, 133.

[71] Belleville, « Exegetical Fallacies », 3–11.

[72] Grenz, *Women and the Church*, 133.

[73] John Jefferson Davis, « First Timothy 2:12, the Ordination of Women, and Paul's Use of Creation Narratives », *Priscilla Papers* 23.2 (2009): 4, 5–10.

[74] Paul utilise Ève seulement deux fois, ici et en 2 Cor 11:3; dans les deux textes, Ève est métonymie pour la fausse doctrine prêchée par des femmes et des hommes.

[75] Cf. D. E. Price, Hamilton, Köstenberger.

[76] Cf. Complémentaristes: David E. Prince, « Saved in Childbearing? God's High Calling for Mothers », *JBMW* 8.2 (2003): 59–65; Alan G. Padget, « Wealthy Women at Ephesus », *JBT* 41.1 (1987); James M. Hamilton Jr., « Godliness and Gender Relating Appropriately to All (1 Timothy 2:9–12) », *JBMW* 15.1 (2010); Andreas Köstenberger, « Saved Through Childbearing? A Fresh Look at 1 Timothy 2:15 Points to Protection from Satan's Deception », *JBMW* 2.4 (1997): 3–6; Egalitarians: Linda L. Belleville, *Women and the Church: Three Crucial Questions* (Ada: Baker, 2000); Grenz, *Women in the Church*, 138–139; Craig S. Keener, *Paul, Women and Wives*, 91–92; Hybrid Position: « Waters argues that 1 Tim 2:11–15 is a fairly elaborate allegory, in which 'Adam' stands for the male leaders of the Ephesian congregation, 'Eve' stands for the wealthy and less mature female members, and 'childbearing' is not meant literally, but as a metaphor for 'virtues-bearing. » Kenneth L. Waters, « Saved Through Childbearing: Virtues as Children in 1 Timothy 2:11–15 », *JBL* 123 (2004): 703–735.

[77] Traduit de l'anglais : « La façon la plus naturelle pour un ancien lecteur d'avoir compris le 'salut' dans le contexte de l'accouchement aurait été un accouchement sûr, pour les femmes qui font régulièrement appel à des divinités protectrices (comme Artémis ou Isis) lors de l'accouchement. Le péché d'Ève était directement lié à la malédiction d'un accouchement difficile dans Genèse 3:16, et dans la tradition juive, cela a été déve-loppée pour inclure la mort en couches ». Craig S. Keener, *Paul, Women and Wives*, 91–92.

[78] ἐὰν μείνωσιν ἐν πίστει καὶ ἀγάπῃ καὶ ἁγιασμῷ μετὰ σωφροσύνης

[79] Réponse possible à Piper/Grudem *Recovering* : Bien qu'Éphèse ait été

la capitale de la province romaine d'Asie à l'époque de la rédaction de cet article et qu'elle ait eu un niveau d'éducation plus élevé que d'autres endroits de l'empire romain, en général, seules les femmes issues de familles riches avaient la possibilité d'étudier chez elles sous la direction d'un professeur privé. Cf. Teresa Morgan, *Literate Education in the Hellenistic and Roman World* (Cambridge : Cambridge University Press, 1998) ; Cf. 1 Cor 14:33b–36 ; Meeks, *The First Urban Christians : The Social World of the Apostle Paul*, (Yale : Yale University Press, 2003), 70–71 ; Piper and Grudem, *Recovering*, 82.

[80] Dan Gentry Kent, « Partners in Mission », *Priscilla Papers* 13.3 (1999) : 10.

[81] Voir ci-dessus.

[82] Gottfried Nebe, « Creation in Paul's Theology », pages 111–138 dans *Creation in Jewish and Christian Tradition*, éd. Henning Graf Reventlow et Yair Hoffman (Sheffield : Sheffield Academic, 2002), 135 ; Gorman, « What Has Aeneas to Do with Paul ? » 11–17.

[83] Grenz, *Women in the Church*; Gorman, « What Has Aeneas to Do with Paul? » 11–17

[84] C. f. Seneca Controv. 2.7.6 ; Apuleius Metam. 2.8 ; Sipre Num. 11.2.1–3 ; Craig S. Keener, *1–2 Corinthians*, NCBC (Cambridge : Cambridge University Press, 2005), 91.

[85] Au sein de la congrégation, il n'y a probablement pas de consensus sur l'enseignement de Paul, déformé par des malentendus. Comme nous allons le démontrer, Paul ne se réfère pas seulement aux traditions juives, mais bien plus encore aux traditions grecques. En fait, il est en conflit avec certaines traditions juives importantes où il privilégie les traditions grecques. En outre, la tradition juive basée sur le récit de la création de la Genèse qui sert de tremplin à son argumentation, et avec laquelle il est d'accord, est modifiée en contex-tualisant le récit de la création dans le cadre des lois biologiques de Dieu sur la procréation et la maternité.

[86] Phil 2:6, voir l'argumentation ci-dessous.

[87] Il existe une tendance générale à la priorité masculine dans la tradition juive, qui découle de leur récit de l'origine de la Genèse (voir ci-dessus). La participation des femmes dans les synagogues du premier siècle après J.-C. était, dans le pire des cas, interdite (Henry), dans le meilleur des cas, autorisée, principalement par précaution pour maintenir la modestie dans le contexte d'une culture de la honte (Safrai, Swidler). La tradition grecque était patriarcale et organisée par des structures pater familias. Leonard Swidler, *Women in Judaism : The Status of Women in Formative Judaism* (Metuchen : Scarecrow, 1976), 61 ; Carl F. H. Henry, *God, Revelation,*

and Authority (Wheaton : Crossway, 1999), 4:515 ; Gordon D. Fee, « The Cultural Context of Ephesians 5:18–6:9: Is There a Divinely Ordained Hierarchy in the Life of the Church and Home That is Based on Gender Alone? » *Priscilla Papers* 16.1 (2002) 3–8; Shamuel Safrai, « The Place of Women in First-Century Syna-gogues : They were much more active in Religious Life than they are today », *Priscilla Papers* 16.1 (hiver 2002) : 9–12 ; Kevin Giles, « House Churches », *Priscilla Papers* 24.1 (2010), 6–8 ; Keener, *1–2 Corinthians*, 91–92.

[88] Fee, « The Cultural Context of Ephesians 5:18–6:9 », 3–8 ; Giles, « House Churches », 7.

[89] Voir l'argumentation ci-dessus.

[90] « (...) une aberration sociale radicale et produirait une opposition sérieuse et inutile à l'Église naissante de Corinthe. Une telle lecture de 11:3–10 aborde le problème de l'honneur/la honte et préserve en même temps la distinction biblique entre homme et femme que Paul veut préser-ver. Il adapte ainsi l'évangile à la culture environnante sans compromettre son message essentiel. Il évite également les graves problèmes christolo-giques liés à l'expression « le *kephalē* du Christ est Dieu » qui résultent de l'interprétation de *kephalē* soit comme « autorité sur » (la subordination éternelle du Fils par Grudem) soit comme « source » (suggérant l'hérésie arienne). Le fait que Paul puisse, dans un autre contexte, celui de la nature et du fonctionnement réels de l'Église (« dans le Seigneur »), plaider pour une compréhension totalement non sexiste et égalitariste de la création est attestée dans 11:11–16. Les deux lectures de la création doivent être maintenues en ten-sion et ne pas être réduites à une approche d'alternative. « Le mari est le chef [*kephalē*] de la femme en tant que Christ ». Cf. Kevin Giles, notes de conférence non publiées, citées par Alan F. Johnson, « A Meta-Study of the Debate over the Meaning of 'Head' (*kephalē*) in Paul's Writings ». *Priscilla Papers* 20.4 (2006) : 21–29 ; Craig S. Keener, *1–2 Co-rinthians*, 91 ; Morna D. Hooker, « Authority on Her Head : An Exami-nation of 1 Cor. XI. 10 », *NTS* 10 (1963–64) : 410–16 ; cela est différent pour les hommes romains, qui se couvrent la tête en offrant des sacrifices afin d'éviter un mauvais présage en voyant l'ennemi lorsqu'ils offrent des sacrifices, tout en se découvrant lorsqu'ils rencontrent un ami ou un supé-rieur. Virgile (Énéide 3.403–9 ; 3.403–9 ; 3.543–47 ; Dionysos (Antiquités romaines 12.16.22 ; Plutarque (Question des Romains 266C ; 266E).

[91] « Bien qu'il n'y ait pas de références bibliques explicites à la tradition des femmes portant des couvre-chefs, à l'époque talmudique, c'était une pratique acceptée » ; traduit de l'anglais : « Although there are no explicit

biblical references to the tradition of women wearing head coverings, by talmudic times it was accepted practice »; Ronald L. Eisenberg, *The JPS Guide to Jewish Traditions* (Philadelphie : The Jewish Publication Society, 2004), 376 ; Bien que dans le judaïsme orthodoxe du Moyen Âge, comme certains l'ont suggéré, les femmes ne se couvraient probablement pas les cheveux parce que c'était seulement aux hommes de le faire, il se peut que cela ait été une pratique courante pour de nombreuses femmes dans le judaïsme du premier siècle et aussi par la suite.

[92] Mais pour notre texte, l'élément décisif est que les femmes grecques, d'une manière ou d'une autre, se couvraient les cheveux en public parce que ne pas le faire serait, d'une manière ou d'une autre, un manque de respect envers leurs maris (pour une discussion plus détaillée sur les femmes gréco-romaines et la coutume de se couvrir la tête ou les cheveux, voir Grenz, *Women in the Church*. Pour la conclusion selon laquelle les femmes gréco-romaines pouvaient porter le voile dans le cadre d'une culture de la honte et de l'honneur, dans un but de modestie envers leurs maris, voir Keener, 1–2 Corinthiens). « Les femmes se couvraient couramment la tête, généralement avec un voile (...). Le voile faisait généralement partie du man-teau (ἱμάτιον, himation), bien qu'il puisse être porté séparément sur le vêtement extérieur (...). Les femmes portaient généralement leur voile sur la tête pendant les périodes de culte », traduit de l'anglais : « Women commonly covered their heads, usually with a veil (...). The veil was commonly part of the cloak (*himation*, ἱμάτιον), though it could be worn separately over the outer garment (...). Women typically pulled their veils over their heads during times of worship," Janghoon Park, « Clothing », éd. John D. Barry, et al., *The Lexham Bible Dictionary* (Bellingham : Lexham Press, 2016) ; Wayne A. Meeks, *The First Urban Christians*, 70–71.

[93] Fee ajoute une preuve supplémentaire de cette signification en soulignant que *l'exousia* n'a jamais le sens passif, et que l'expression « avoir autorité sur » ne se réfère jamais à une autorité extérieure différente du sujet de la phrase. Gordon D. Fee, *The First Epistle to the Corinthians*, NICNT (Grand Rapids: Eerdmans, 1987), 502, 519; à voir aussi Werner Foerster, « Ἔξεστιν, Ἐξουσία, Ἐξουσιάζω, Κατεξουσιάζω », *TDNT* (Grand Rapids: Eerdmans, 1964–), 561.

[94] Le mot 'autorité' est toujours, en grec, la propre autorité de la personne, et non celle de quelqu'un d'autre. L'expression « avoir autorité sur » signifie toujours avoir le pouvoir, la liberté ou l'autorité sur quelque chose », traduit de l'anglais : « The word 'authority' is always, in Greek, the person's own authority, not someone else's. The phrase 'have authority over'

always means having power, freedom or authority over something », Alan G. Padgett, « Beginning with the End in 1 Cor 11:2-16: Understanding the Passage from the Bottom up », *Priscilla Papers* 17.3 (2003):19.

[95] Avec Wilson, mais sans la touche complémentariste qui transforme la subordination des femmes en plus qu'un principe de shalom, en l'ancrant dans des règles de genre éternelles : « La femme doit donc porter un signe de son autorité afin de lui permettre d'avoir la liberté et l'autorité de prier et de prophétiser en présence de l'homme qui est 'à sa tête', traduit de l'anglais : « Thus the woman should wear a sign of her authority in order to allow her to have the freedom and authority to pray and prophesy in the presence of the man who is 'head' over her », Kenneth T. Wilson, « Should Women Wear Head Coverings? » *Bibliotheca Sacra* 48.592 (décembre 1991): 453.

[96] Cf. l'argument de Morna Hooker (1964) proposant le ἐξουσία propre à la femme avec le maintien avec le voile du code sémiotique de la différenciation des sexes en public, dans Thiselton, *The First Epistle to the Corinthians*, 839.

[97] Le plus souvent עָיִף ou צָמָה ou רְד יְד in Genèse 24:65, 38:14, 19; Cantiques 1:7; 4:1, 3; 5:7; 6:7.

[98] Le plus souvent פָּרֹכֶת ; cf. Exode 26:31, 33, 35 ; 27:21 ; 30:6 ; 35:12 ; 36:35 ; 38:27 ; 39:34 ; 40:3 ; 40:21, 22 ; 40:26 ; Lév 4:6, 17 ; 16:2, 12, 15 ; 21:23 ; 24:3 ; 4:5 ; Nb 18:7 ; 2 Chron 3:14.

[99] Trois fois, seulement מַסְוֶה ; cf. Exode 34:33, 34, 35.

[100] Job 22:14.

[101] Job 24:15.

[102] Le plus souvent מִצְנֶפֶת ; cf. Exode 28:4, 37, 39 ; 29:6 ; 39:28, 31 ; Lév 8:9 ; 16:4 ; Ésa 3:23 ; Ézéch 21:26 ; 23:15 ; 24:17, 23 ; 44:18 ; 3:5.

[103] Job 29:14 ; Basé sur l'idée que le vêtement indique la fonction, la position, la vie, etc., le croyant doit se vêtir du caractère de Dieu, ce qui signifie que le caractère de Dieu doit être visible dans sa vie. La robe et le vêtement représentent comme synechdoche l'habillement du croyant, donc le caractère de Dieu, la justice de Dieu.

[104] Zacharie 3:5 ; Josué, le grand prêtre, doit revêtir un turban propre en signe de pureté.

[105] Contre « une femme doit être libre de porter un voile ou non, comme elle le souhaite » traduit de l'anglais « a woman ought to be free to wear a veil or not, as she wishes », van Laurie C. Hurshman en Christopher R. Smith, « Headcoverings and Women's Roles in the Church: A New Reading of 1 Corinthians 11:2–16 », *Priscilla Papers* 17.1 (2003): 16–21,

cité par Grenz, *Women in the Church*, 114."

[106] Résumé de Conzelmann : « Les anges déchus de Gn 6:1f.* sont visés. Les démons sont considérés comme sexuellement libidineux. Pourtant, il n'est pas nécessaire que la pensée soit celle de leur désir sexuel en particulier. Elle peut aussi être une allusion générale à la possibilité que la femme dans sa faiblesse soit blessée par les démons. D'autres pensent à l'ordre de la création, arguant que les anges sont les protecteurs de cet ordre », « The fallen angels of Gen 6:1f.* are meant. The demons are held to be sexually libidinous. Yet the thought need not be that of their sexual desire in particular. It can also be a general allusion to the possibility of woman in her weakness being harmed by demons. Others think of the order of creation, arguing that the angels are the protectors of this order », Hans Conzelmann, *1 Corinthians: A Commentary on the First Epistle to the Corinthians*, Hermeneia (Philadelphia: Fortress, 1975), 189–190.

[107] Helmut Köster, « Φύσις, Φυσικός, Φυσικῶς », *TDNT* (Grand Rapids: Eerdmans, 1964–), 271; Joseph A. Fitzmyer, *First Corinthians: A New Translation with Introduction and Commentary*, AYB 32 (New Haven: Yale University Press, 2008), 420.

[108] « (…) une aberration sociale radicale et produirait une opposition sérieuse et inutile à la jeune Église de Corinthe. Une telle lecture de 11:3–10 aborde le problème de l'honneur/la honte et préserve en même temps la distinction biblique entre homme et femme que Paul veut préserver. Il adapte ainsi l'évangile à la culture environnante sans compromettre son message essentiel. Il évite également les graves problèmes christolo-giques liés à l'expression « le *kephalē* du Christ est Dieu », qui résulte de l'interprétation de *kephalē* soit comme 'autorité sur' (la subordination éternelle du Fils par Grudem), soit comme 'source' (suggérant l'hé-résie arienne). Le fait que Paul puisse, dans un autre contexte, celui de la nature et du fonctionnement réels de l'Église ('dans le Seigneur'), plaider en faveur d'une compréhension totalement non sexiste et égalitariste de la création est souligné dans 11:11–16. Les deux lectures de la création doivent être maintenues en tension et ne doivent pas être réduites à une approche de type 'soit/soit'. « Le mari est le chef [*kephalē*] de la femme en tant que Christ » ; Kevin Giles, notes de conférence non publiées, citées par Alan F. Johnson, « A Meta-Study », 21–29. Voir ses commentaires à ce sujet dans son essai dans ce volume, et sa discussion sur « An Egalitarian-Complementarian Reading of Scripture » in *The Trinity & Subordinationism: The Doctrine of God & the Contemporary Gender Debate* (Downers Grove: InterVarsity, 2002), 203–208, 110)

[109] « Car l'homme n'a pas été fait de la femme, mais la femme de l'homme ».
[110] Fred D. Layman, « Male Headship in Paul's Thought », *WTJ* 15.1 (printemps 1980): 46–67. Disponible en ligne à l'adresse suivante : http://wesley.nnu.edu/wesleyan_theology/theojrnl/11-15/15-04.htm.
[111] Thiselton, *The First Epistle to the Corinthians*, 842.
[112] Wayne Grudem, « The Meaning of *Kephalē* ('Head') : A Response to Recent Studies », *TrinJ* 11 (1990) : 3–72 ; Idem, « The Meaning of *kephalē* ('Head') : An Evaluation of New Evidence, Real and Alleged », *JETS* 44.1 (mars 2001) : 25–65 ; Idem., « Does *Kephalē* ('head') means 'source' or 'Authority over' in Greek Literature ? A Survey of 2,336 examples », *TrinJ* 6 NS (1985) : 38–59.
[113] Callimachus de Cyrène Étia, Oxyrhynchus Papyri XVII.
[114] Herodotus of Halicarnassus IV, 91; Berkeley Mickelsen, « What Does *kephalē* Mean in the New Testament? » pages 97–110 dans *Women, Authority, and the Bible*, ed. A. Mickelsen (Downers Grove: InterVarsity, 1986): 97–110; P. B. Payne, « What Does *kephalē* Mean in the New Testament? » in *Women, Authority, and the Bible*, éd. A. Mickelsen (Downers Grove: InterVarsity, 1986): 118–32; G. Bilezikian, *Beyond Sex Roles*, 2ème éd. (Grand Rapids: Baker Book, 1989): 215–51; C. C. Kroeger, « The Classical Concept of Head as 'Source,' » appendix III in *Equal to Serve*, de G. G. Hull (Old Tappan: Fleming H. Revell, 1987): 267–83.
[115] Aetius, *Placita Philosophorum*, 3, 4.
[116] Ibid, 3, 12.
[117] W. Grudem, « Does *kephalē* ('head') Mean 'Source' », 38–59; W. Grudem, « The Meaning of Kephalē ('Head'): A Response to Recent Studies », *TrinJ* 11 (1990):3–72; J. A. Fitzmyer, « Another Look at *kephalē* in I Corinthians 11:3 », *NTS* 35 (1989): 503–11; J. B. Hurley, *Man and Woman in Biblical Perspective* (Grand Rapids: Zondervan, 1981): 163–67.
[118] Comme *telos* (τέλος), par exemple une conclusion d'une dispute dans Aristophane d'Athènes Pl. 649 s. ; Pla-ton d'Athènes, Timée 69b, Philebus 66d ; Géorgiens de Leontini en Sicile 505d ; Philon Sacr. Ac. 115 ; De Vita Mosis II, 290, De Somniis I, 66.
[119] Xénopon d'Athènes, Cyropaedia VIII, 8, 3 ; Philon De Opificio Mundi, 118, 119 ; De Specialibus Legibus III, 184. Platon place l'autorité dans la *psyché*, et non dans la tête, qui domine le corps et les émotions.
[120] L. Aennaeus Cornutus (1 c. AD) Theologia Graeca 20.
[121] Richard S. Cervin, « On the Significance of *Kephalé* ('Head') : A Study of the Abuse of One Greek Word », *Priscilla Papers* 30.2 (printemps 2016) : 9.

[122] Ibid, 10 ; cf. Jean 4, où Jésus se désigne métaphoriquement comme la source d'eau vive.

[123] Ibid., 10; D. Grene, trand., *The History: Herodotus* (Chicago: University Press, 1987), 314. *The Greek text is in C. Hude, Herodoti Historiae*. 3rd ed. 2 vols. (Oxford: University Press, 1927).

[124] Aristophanes Ach., 833; Nubes, 40; Pax 1063; Pl. 526; Plato, Euthydemus 283e; Demosthenes of Athens, Orationes, 18, 290, 294; Homer of Chios Iliad, 17, 242; 4, 162; 11, 55; 18, 82. Odyssee 2, 237; 3, 74; Herodotus VIII, 65; IX, 99.

[125] רֹאשׁ, parfois traduit par ἀρχή, ἄρχων, ἀρχηγός, ἡγεῖσθαι, προηγεῖσθαι, χιλίαρχος and κορυφή, πρῶτος dans 9 passages etc. Aquila utilise que κεφαλή.

[126] Wayne Grudem, « Does *kephalē* (Head) Mean 'Source' », 38–59.

[127] Herodotus 4.91; Call.Aet.Oxy.2080.48; Orph.Fr.21a.

[128] Placit.2.32.2; Lyd.Mens.3.4

[129] Gilbert Bilezikian, « A Critical Examination of Wayne Grudem's Treatment of *Kephalē* in Ancient Greek Texts: Paper Presented for a Plenary Session of the Annual Meeting of the Evangelical Theological Society in Atlanta, Ga., Oct. 20, 1986. Se trouve aussi dans l'appendix de *Beyond Sex Roles*, 2ème éd. (Grand Rapids: Baker, 1985), 215–52.

[130] Ibid., 233.

[131] Walter L. Liefeld, « Women, Submission & Ministry in 1 Corinthians » dans Mickelsen, *Women, Authority & the Bible*, 134–53.

[132] Kroeger, « The Classical Concept of Head », 267–83.

[133] Ibid, 267.

[134] Richard S. Cervin, « Does *kephalē* Mean 'Source' or 'Authority Over' in Greek Literature? A Rebuttal », *TrinJ* 10 (1989): 85–112.

[135] Peter Thomas O'Brien, *The Letter to the Ephesians*, PNTC (Grand Rapids: Eerdmans, 1999), 312; A. Skevington Wood, « Ephesians », dans *The Expositor's Bible Commentary: Ephesians through Philemon*, éd. Frank E. Gaebelein (Grand Rapids: Zondervan, 1981), 11:59; James D. G. Dunn, *The Epistles to the Colossians and to Philemon: A Commentary on the Greek Text*, NIGTC (Grand Rapids: Eerdmans, 1996), 97.

[136] Kittel, *TDNT*, 429–430.

[137] Avec Richard S. Cervin, « Only in 1 Cor 11:3 and Col 2:10 does Paul use *kephalē* apart from *sōma* as an independent metaphor », Richard S. Cervin, « On the Significance of *Kephalē* ('Head') », 16; Stephen Bedale, « The Meaning of *Kephalē* in the Pauline Epistles », *JTS* 50 (1954): 211–215.

[138] Bilezikian, « A Critical Examination », 215–252.

139 Eduard Lohse, *Colossians and Philemon a Commentary on the Epistles to the Colossians and to Philemon*, Hermeneia (Philadelphia: Fortress, 1971), 121.

140 Bilezikian, « Biblical Community versus Gender-Based Hierarchy », 8.

141 L'unité est l'une des préoccupations de Paul, voir Peter Thomas O'Brien, *The Letter to the Ephesians*, 273.

142 « ... dont le corps entier s'est réuni (...) ensemble ». κεφαλή ἐξ οὗ πᾶν τὸ σῶμα συναρμολογούμενον

143 « Son unité est reconnaissable dans le fait que les Juifs et les Gentils sont maintenant considérés comme étant réconciliés en Christ », Wood, « Ephesians », 55–56.

144 Sur le rôle des récits de la création dans les communautés grecque et juive, voir Heather M. Gorman, « What Has Aeneas to Do with Paul ? Gender, Head Coverings, and Ancient Appeals to Origin Stories », *Priscilla Papers* 30.3 (Summer 2016) : 11–17 ; Mary Rose D'Angelo, « The Garden : Once and Not Again ; Traditional Interpretations of Genesis 1:26–27 in 1 Corinthians 11:7–12 », dans Genesis 1–3 dans « The History of Exegesis : Intrigue in the Garden» , éd. Gregory A Robbins, *Studies in Women and Religion* 27 (Lewiston : E. Mellen Press, 1988), 1–41.

145 « Plutôt que de lutter pour établir des lignes d'autorité et de soumission, nous devons vivre dans la soumission mutuelle les uns envers les autres (Éph 5:21). Cela exige que nous adoptions une attitude d'humble sacrifice et de service (voir, par exemple, Phil 2:1–10) », traduit de l'anglais « Rather than fighting to establish lines of authority and submission, we are to live in mutual submission to one another (Éph 5:21). This requires that we take on an attitude of humble self-sacrifice and service (see, for example, Phil 2:1–10) », Grenz, *Women in the Church*, 153;

146 « Nous appelons avec joie et urgence les maris à 'l'amour et au service du don de soi'. Mais nous sommes persuadés que cela n'annule pas la différence entre son rôle et celui de sa femme - cela définit plutôt le type d'initiative et de responsabilité que la plupart des femmes sont heureuses que leur mari prenne ». « We gladly and urgently call husbands to 'selfgiving love and service'. But we are persuaded that this does not cancel out the difference between his role and his wife's—it rather defines the kind of initiative and responsibility that most wives are glad for their husbands to take." Piper and Grudem, *Recovering*, 412.

147 Jean 15:12 ; Gal 2:20 ; Éph 2:4 ; 5:2, 25 ; Col 3:12 ; « La parole [*kephalē*], cependant, reçoit un nouveau con-tenu. Être le 'chef' de sa femme, explique Paul, n'implique pas de dominer, mais de se sacrifier, de se donner, d'agapè aimer. Jésus illustre ce type de leadership dans son don de soi

sur la croix. C'est le leadership du serviteur qui est prêt à servir jusqu'au point de donner sa vie pour l'autre. Pas un mot n'est dit dans ce passage sur la personne qui prend la décision finale sur les questions importantes. Dans Ephésiens 5:21 et suivants, Paul cherche, dans son contexte culturel, à transformer le patriarcat - un leadership masculin autoritaire - et non à l'approuver. A la première lecture, ce sont les hommes de cette Église qui se seraient sentis menacés par l'enseignement contre-culturel que Paul énonce. Dans son contexte historique d'origine, ce texte était libérateur. Il devrait être lu de cette manière aujourd'hui » ; Kevin Giles, notes de conférence non publiées, citées par Alan F. Johnson, « A Meta-Study », 21–29. Zie zijn commentaar in zijn essay in deze bundel, en zijn bespreking van « An Egalitarian-Complementarian Reading of Scripture », dans *The Trinity & Subordinationism: The Doctrine of God & the Contemporary Gender Debate* (Downers Grove: InterVarsity, 2002), 203–08.

[148] Matthieu 6:24, 22:37 et Luc 10:27 Jean 21:15,16 ; le lavement des pieds dans Jean 13, les chants des servi-teurs dans Ésaïe, établissent un lien clair entre δουλεύειν et ἀγαπάω.

[149] Jean 21:15,16 ; 1 Jean 4:10.

[150] Apocalypse 12:11

[151] Philippiens 2:3–4 ; 1 Cor 13:5 ; Marc 10:21.

[152] Marc 12:31 ; 2 Cor 9:7.

[153] Col 3:12 ; Hébr 1:9 ; 1 Cor 13:4–7.

[154] 1 Pière 3:10.

[155] Apocalypse 1:5.

[156] 1 Cor 8, 1.

[157] Luc 6:27, 35.

[158] Éph 5:28, 33.

[159] Luc 7:42, 47 ; 1 Jean 4:19.

[160] Philippiens 2:3–4.

[161] 1 Cor 13:4.

[162] Rom 5:5.

[163] Luc 11:43.

[164] Jean 12:43.

[165] 1 Pière 1:22.

[166] Jean 8:42.

[167] Jean 13:1 ; 13:34.

[168] Jean 17:23.

[169] 1 Jean 4:12 ; 20, 21.

[170] Rom 5:5 ; 8:6 ; 14:17 ; 15:13.

[171] Les complémentaristes considèrent l'esclavage comme une conséquence de la chute, tandis que le leadership masculin, lui remonterait à la conception de la création par Dieu, ce qu'ils n'ont pas été capables de démontrer sur la base d'une lecture exégétique du récit de la création et non sur l'interprétation que Paul a faite de la création. C'est le contraire qui est vrai. Gal 3, 28 est un exemple clair où les trois principaux domaines de conflits sociaux dans l'Église doivent être corrigés par une collaboration avec l'Esprit afin d'obtenir une res-tauration de la relation entre les membres de l'Église d'origine sociale, ethnique ou sexuelle différente. Le message demeure celui de la paix par l'égalité et l'unité.

[172] Nombres 4:16.

[173] Nombres 31:14, Juges 9:28 ; 2 Rois 11:15

[174] Esdr B 21:9, 14 ; 1 Macc 1:51.

[175] 2 Rois 11:18, 12:12 ; 2 Chron 34:17.

[176] 2 Chroniques 34:12 ; Esdr B 21:22.

[177] Le rejet complémentariste de l'argument de Belleville n'est pas fondé. Grudem : Premièrement, le passage ne concerne pas les anciens qui servent de leaders, mais le soutien aux veuves dans le besoin (1 Tim 5:3–16). Répondez : Ce passage concerne les anciens. Tout le document traite des bons et des mauvais ensei-gnants à Éphèse, de la façon dont ils devraient être sélectionnés et des personnes qui ne devraient pas être acceptées, en s'appliquant aux hommes comme aux femmes. Cela est lié au fait que les anciens qui sont choisis doivent refléter un caractère pieux, enseigner correctement et être rémunérés. Ceux qui ne remplis-sent pas ces critères ne devraient pas être sélectionnés et ne devraient pas être rémunérés. Nous avons un groupe de jeunes veuves qui sont actuellement (au moment où nous écrivons ces lignes) payées par l'Église pour enseigner. Mais elles détruisent les Églises par un faux enseignement au lieu de les construire. Paul demande à Timothée de les retirer de la liste des employés et de les envoyer au prêtre pour un mariage, de les faire cesser de parler dans l'Église et de commencer à écouter à la place, puis de laisser l'Église tran-quille et de s'occuper de leurs enfants. Il y a un groupe de veuves âgées qui se débrouillent bien en matière de comportement et d'enseignement. Elles devraient enseigner et servir d'aînées dans l'Église et être payées. Deuxièmement, il faut aider les personnes de soixante ans parce qu'elles ont besoin d'une aide financière dans leur vieillesse, et non parce que c'est l'âge auquel on peut commencer à servir comme dirigeant. On se demande quel est le niveau d'énergie des anciens s'ils doivent avoir soixante ans et plus ! Réponse : *presbyteros* est une référence à la fonction qui commence dans le judaïsme avec l'âge. Ce

sont les personnes âgées qui sont juges et dirigeants dans les villages et villes juifs. Ce sont les personnes âgées qui sont membres du Conseil. Ce sont les personnes âgées qui dirigent le temple et les synagogues. Troisièmement, si Belleville avait raison, seules les veuves pourraient faire office de personnes âgées, ce qui exclurait toute femme mariée plus âgée. Enfin, le v. 16 précise que le problème concerne les veuves qui ont besoin d'une aide financière. Réponse : Le groupe des veuves âgées n'est qu'un groupe parmi ceux qui sont anciens dans les Églises Éphésiennes (et au moment où nous écrivons ces lignes, il y en a beaucoup, toutes des Églises de maison). Toutes les veuves de plus de soixante ans ne devraient pas être des anciennes, mais seu-lement celles qui remplissent les critères ; elles ne devraient pas toutes enseigner, mais seulement celles qui en ont la capacité. Les veuves âgées ne devraient pas être les seules à être des aînées. Il y a plus d'hommes que de femmes qui sont des aînés dans l'Église et il peut y avoir des ministres plus jeunes comme Timothée qui peuvent être des anciens. Paul parle de différents groupes dans les Églises ; il établit des critères et si ces critères sont remplis et que les bonnes personnes sont trouvées, le marché est conclu, homme ou femme.

[178] Une coextension-synonymique de de *'ādmat haqqōdeš* (la Terre Sainte) en 2:16.

[179] Partiellement contre Meyers, qui hésite à voir que la sainteté de Dieu se reflète dans le lieu, mais avec Barker; Carol L. Meyers and Eric M. Meyers, Haggai, *Zechariah 1–8*, AYB 25B (New Haven: Yale University Press, 2008), 414; Kenneth L. Barker, « Zechariah », dans *Daniel and the Minor Prophets*, EBC 7, éd. Frank E. Gaebelein (Grand Rapids: Zondervan, 1986), 650

[180] F. B. Huey, *Jeremiah, Lamentations*, NAC 16 (Nashville: Broadman & Holman, 1993), 463.

181 Le plus souvent, il n'y en a qu'un seul. En tant que grande ville, Jérusalem dispose d'un espace ouvert devant chaque porte d'entrée.

[182] Cf. 2 Chron 32:6 ; Lam 5:14 qui relie aussi les vieillards à la porte de la ville.

[183] *šēvet* signifie souverain.

[184] *semnas = semnous; mē diabolous = me dilogous; nephalious = mē oinō p. prosechontas: pistas en pasi = mē aischrokerdeis ... suneidēsei* ; σεμνάς = σεμνούς: μὴ διαβόλους = μὴ διλόγους: νηφαλίους = μὴ οἴνῳ π. προσέχοντας: πιστὰς ἐν πᾶσι = μὴ αἰσχροκερδεῖς ... συνειδήσει

[185] Ep. x. 96, A.D. 112.

[186] « Phoebé était la porteuse de la lettre de Paul pour l'Église Romaine

(Rom 16:2) (…) Paul fournissait régulièrement des références à ses porte-lettres (par exemple, 2 Cor 8:16–24 ; Éph 6, 21–22 ; Ph 2:25–30 ; Col 4:7–9). Comme Phoebé était pratiquement inconnue, de solides références auraient été essentielles pour son cas. (…) 'Un diacre de l'Église de Cenchrée' ». Phoebe était porteur du lettre de Paul aux Églises de Rome (Rom 16:2) (…) Paul routinely provided credentials for his letter carriers (e.g., 2 Cor 8:16–24; Eph 6:21–22; Phil 2:25–30; Col 4:7–9). Car Phoebe était pratiquement inconnue, la recommandation était essentielles pour son cas. (…) 'Un diacre de l'Église de Cenchrea' ». Belleville, « Women Leaders in the Church », 121.

[187] Notez que les apôtres sont également appelés *diakonoi*, ainsi que d'autres disciples de Jésus ; cf. Mat 20, 26 ; 23, 11 ; Marc 9, 35 ; 10, 43.

[188] « … ces lettres de créance sont des doubles de celles énumérées pour les diacres masculins dans 1 Timothée 3:8–10 », Belleville, « Women Leaders in the Bible », 122.

[189] Job 2:1 ; Zach 3:1f ; 1 Chr 21:1 ; 1 Chr 21:1 ; Mat 4:1, 5, 8, 11 ; 13:39 ; 25:41 ; Luc 4:2f, 6, 13 ; 8:12 ; Jean 13:2 ; Actes 10:38 ; Éph 4:27 ; 6:11 ; Hébr 2:14 ; Jaques 4:7 ; 1 Tim 3:6, 7 ; 2 Tim 2:26 ; 1 Pet 5:8 ; Jud 9. En Apocalypse 12:9 ; 20:2 ; 2:10 ; 12:12 ; 20:10 ; Actes 13:10 ; 1 Jean 3:10 ; Jean 8:44 ; 6:70 ; Marc 8:33 ; 13:2).

[190] Dans 1 Timothé, Timothée lui-même est le meilleur exemple. Paul l'appelle *diakonos* en 4:6, et il est le principal instrument humain à Éphèse en ce moment pour que les Églises puissent faire l'expérience de la paix de l'Esprit.

[191] Ὁ λόγος τοῦ Χριστοῦ ἐνοικείτω ἐν ὑμῖν πλουσίως, ἐν πάσῃ σοφίᾳ διδάσκοντες καὶ νουθετοῦντες ἑαυτούς, ψαλμοῖς ὕμνοις ᾠδαῖς ἐν ἐν [τῇ] χάριτι ἐν ταῖς καρδίαις ᾄδοντες τῷ θεῷ-

[192] Par exemple : « Que la parole du Christ habite richement en vous ; instruisez-vous et exhortez-vous les uns les autres en toute sagesse ; et avec reconnaissance dans vos cœurs, chantez à Dieu des psaumes, des hymnes et des chants spirituels », NRSV ; ou « Que le message sur le Christ, dans toute sa richesse, remplisse vos vies. Enseignez et conseillez-vous les uns les autres avec toute la sagesse qu'il donne. Chantez des psaumes, des hymnes et des chants spirituels à Dieu avec des cœurs reconnaissants », NLT ; « Lasst das Wort Christi reichlich unter euch wohnen : Lehrt und ermahnt einander in aller Weisheit ; mit Psalmen, Lobgesängen und geistlichen Liedern singt Gott dankbar in euren Herzen », Lutherbibel 1984 ; « Que la parole de Christ habite parmi vous abondamment ; instruisez-vous et exhortez-vous les uns les autres en toute sagesse, par des psaumes, par des

hymnes, par des cantiques spirituels, chantant à Dieu dans vos coeurs sous l'inspiration de la grâce », Louis Segond 1910 ; « Que habite en ustedes la palabra de Cristo con toda su riqueza : instrúyanse y aconséjense unos a otros con toda sabiduría ; canten salmos, himnos y canciones espirituales a Dios, con gratitud de corazón, » Nueva Versión Internacional.

[193] Ces trois noms sont utilisés dans l'AT pour les psaumes et autres chants. Tous ces chants ont une valeur doctrinale et sont utilisés comme tels à la fois dans l'AT et le NT. L'Église utilise des chants de l'Ancien Testament et crée de nouveaux chants sur l'enseignement, les miracles et les histoires autour de Jésus qui sont utilisés pour la proclamation de la doctrine à la fois à l'extérieur et à l'intérieur de l'Église. Certains de ces chants sont repris sous forme de citations dans les textes du NT. La critique de forme doit déterminer quels textes sont des chants déjà existants au moment de la rédaction et qui ont été intégrés dans le passage du NT. Mais on s'accorde aujourd'hui à dire que les rapports de l'Évangile, les Actes, les lettres et l'Apocalypse intègrent tous des parties de chants existants.

[194] Il ne s'agit pas de catégories clairement distinguées, mais les psaumes sont le plus souvent utilisés pour le livre des Psaumes dans l'AT (surtout Luc), mais pas exclusivement.

[195] Probablement que προφητεύω vient de προφαίνω, pour apparaître, se référant à Dieu, ou à une divinité, apparaissant et parlant à la personne, qui est ensuite rapportée par la personne aux autres.

[196] *prophētēs*/προφήτης pour les hommes, *prophētis*/προφῆτις pour les femmes, chaque fois que la distinction est faite.

[197] Dans l'analyse du discours : parties ou aspects logiques.

[198] Une figure de style, signifiant : « un autre mot pour ».

[199] Abraham n'est pas appelé prophète dans l'Ancien Testament, mais fonctionne comme tel dans les textes de l'Ancien Testament, la considération du Nouveau Testament, Philon, Josèphe et la littérature rabbinique. Bien que David puisse également être considéré comme un prophète, il est davantage associé à l'idée de roi messianique. Les psaumes qui lui sont attribués doivent néanmoins être comptés comme des textes pro-phétiques ayant une valeur doctrinale. Il existe dans le NT des doctrines fondamentales entières qui sont presque exclusivement basées sur les psaumes, par exemple la résurrection de Jésus (Ps 16, 10). L'AT et les chants nouvellement créés ont une valeur doctrinale et un but dans le NT. Ainsi, chanter un chant, c'est proclamer une doctrine à des personnes qui ne sont pas encore membres du peuple de Dieu et à ceux qui le sont déjà (cf. Col 3:16).

[200] Belleville, « Women Leaders in the Bible », 123.

[201] Sa prophétie fait clairement référence à une doctrine fondamentale selon laquelle Jésus est le Roi et le Sauveur messianique.

[202] Les hommes et les femmes sont des témoins ; le terme est utilisé pour les personnes qui enseignent et prêchent à la fois dans un contexte d'évangélisation et d'Église. Témoigner est aussi une forme d'enseignement et de prise d'autorité sur ceux qui écoutent.

[203] Matt 28:18.

[204] Matt 7:29, Marc 1:22, 27 ; Luc 4:32 ; Matt 9:6 ; Marc 2:10 ; Luc 5:24.

[205] Matt 8:9 ; Luc 7:8 ; Jean 19:10-11 ; Actes 1:7.

[206] Col 2:15.

[207] Matt 10:1 ; 28:19-20 ; Luc 9:1, 10:19 ; Jean 17:2.

[208] Marc 3:10 ; 6:7 ; Luc 4:36 ; Jean 1:12 ; Éph 2:2 ; Col 1:13 ; Éph 1:21 ; Éph 3:10 ; 6:12 ; Col 2:10 ; Apoc 11:6 ; 12:10.

[209] 2 Cor 10, 8 ; 13, 10.

[210] Rom 13:1–3 ; Col 1:16.

[211] Actes 5:4 ; Actes 8:19 ; 1 Cor 8:9 ; 1 Cor 9:4, 18.

[212] 1 Cor 11:10.

[213] Matt 7:29 ; 8:9 ; 9:6, 8 ; 10:1 ; 21:23, 24, 27 ; 28:18 ; Marc 1:22, 27 ; 2:10 ; 3:15 ; 6:7 ; 11:28, 29, 33 ; 13:34 ; Luc 4:6, 32, 36 ; 5:24 ; 7:8 ; 9:1 ; 10 :19 ; 12:5, 11 ; 19:17 ; 20:2, 8, 20 ; 22:53 ; 23:7 ; Jn 1:12 ; 5:27 ; 10:18 ; 17:2 ; 19:10, 11 ; Actes 1:7 ; 5:4 ; 8:19 ; 9:14 ; 26:10, 12, 18 ; Rom 9:21 ; 13 :1, 2, 3 ; 1 Cor 7:37 ; 8:9 ; 9:4, 5, 6, 12, 18 ; 11:10 ; 15:24 ; 2 Cor 10:8 ; 13:10 ; Éph 1:21 ; 2:2 ; 3:10 ; 6:12 ; Col 1:13, 16 ; 2:10, 15 ; 2 Thess 3:9 ; Tite 3 :1 ; Hébr 13:10 ; 1 P 3:22 ; Jud 25 ; Apoc 2:26 ; 6:8 ; 9:3, 10, 19 ; 11:6 ; 12:10 ; 13:2, 4, 5, 7, 12 ; 14:18 ; 16:9 ; 17:12, 13 ; 18:1 ; 20:6 ; 22:14.

[214] Daniel B. Wallace et Michael H. Burer, « Was Junia Really an Apostle? A Reexamination of Romans 16:7 », *JBMW* 6.2 (automne 2001): 4–11.

[215] *JBMW* 6/2.

[216] Rom 1:1, 11:13 ; 1 Cor 1:1 ; 4:9 ; 9:1, 5 ; 15:9 ; 2 Cor 1:1 ; 12:12 ; Gal 1:1 ; 1 Thess 2:7 ; Éph 1:1 ; Col 1:1 ; 1 Tim 1:1 ; 2:7 ; 2 Tim 1:1, 11 ; Tite 1:1.

[217] 1 Cor 9:2.

[218] 1 Cor 9:5.

[219] 2 Cor 8:23.

[220] Phil 2:25.

[221] Gal 1:19.

[222] En comptant Matthias, qui remplace le défunt Judas. Actes 1:26 dit qu'il a été ajouté aux onze encore vi-vants, ce qui fait que Matthias est au nombre de treize dans le compte total.

[223] 1 Cor 12:28–29 ; 2 Cor 8:23 ; 1 Cor 15:7 ; 2 Cor 11:5 ; 11:13 ; 12:11 ; Gal 1:17 ; Éph 2:20 ; 3:5 ; 4:11 ; 1 Thess 2:7.
[224] 2 Cor 11:5 ; 11:13 ; 12:11.
[225] 2 Cor 8:23 ; 1 Cor 9:5 ; 1 Cor 4:9. Il peut s'agir de personnes comme Timothée, Silas, Tychicus, Trophimus, Lydia, etc.
[226] 1 Cor 12:28–29 ; Éph 2:20 ; 3:5 ; 4:11 ; Gal 1:17.
[227] L'Esprit transforme l'esprit afin que les dons et les talents de l'Esprit soient utilisés pour produire des relations harmonieuses, c'est-à-dire la paix.

BIBLIOGRAPHIE

Behr-Siegel, Elisabeth. *Le ministère de la femme dans l'Église*. Paris : Cerf, 2006.

Bellefleur, Jean-Marc. *Hommes, femmes dans l'Église*. Charols : Excelsis, 2003.

Furman, Gloria, et Kathleen Nielson. *Le ministère féminin centré sur la parole : Une richesse au service de l'Église*. Traduit de l'anglais, *Word-filled Women's Ministry : Loving and Serving the Church*. Marpent : BLF Éditions, 2018.

Gilbert, Guy. *Les femmes et l'Église : Quelle place pour elles demain ?* Paris : Philippe Rey, 2019.

Hébrard, Monique. *Les femmes dans l'Église*. Cerf, 1984.

James, Sharon. *Le dessein de Dieu pour la femme : Avec questions d'étude pour groupes de discussion*. Europresse, 2007.

Keller, Timothy. *Une Église centrée sur l'évangile : La dynamique d'un ministère équilibré au cœur des vielles d'aujourd'hui*. Excelsis, 2015.

Kuen, Alfred. *La femme dans l'Église*. Éditions Emmaüs, 2007.

Léonard, André-Joseph. *L'Église au féminin : De la place de la femme dans l'Église*. EDB, 2014.

Les ministères féminins. Les cahiers de l'école pastorale hors-série 3. 2001.

Lukala, Charly Londa. *Le pastorat féminin dans le Christianisme: Le ministère pastoral de femmes dans les Églises Anabaptistes/Mennonites*. Paris : St Honoré, 2018.

Meyer, Roland. *Paul et les femmes*. Faculté adventiste de Théologie, 2013.

Razinger, Cardinal Joseph. *Lettre aux Évêques de l'Église catholique sur la collaboration de l'homme et de la femme dans l'Église et dans le monde*. Paris : Salvator, 2004.

Scaraffia, Lucetta. *Du dernier rang : Les femmes et l'Église*. Salvator, 2017.

Smith, Claire. *Le projet bienveillant de Dieu pour elle et pour lui*. Lyon : Éditions Clé, 2014.

Strauch, Alexander. *Égaux mais différents : Une brève étude des passages bibliques sur l'homme et la femme*. Lyon: Éditions Clé, 2006.

Sutter-Razanajohary, Joëlle. *Qui nous roulera la pierre ? Les femmes dans l'Église*. France : Empreinte temps présent, 2018.

Winston, George et Dora. *Les femmes dans le ministère chrétien*. Excelsis, 2010.

☙

Apuleius. *The Golden Ass, Being the Metamorphoses of Lucius Apuleius*. Édité par Stephen Gaselee. Medford : Putnam's Sons, 1915.

Aristophanes. *Aristophanes Comoediae*. PDL 2. Édité par F. W. Hall et W. M. Geldart. Medford : Oxford, 1907.

Arndt, William, F. W. Gingrich, et F. W. Danker. *A Greek-English Lexicon of the New Testament and Other Early Christian Literature*. Chicago : University of Chicago Press, 2000.

Barker, Kenneth L. « Zechariah », dans *The Expositor's Bible Commentary: Daniel and the Minor Prophets*. Édité par Frank E. Gaebelein. Grand Rapids : Zondervan, 1986.

Baumert, Lisa. « Biblical Interpretation and the Epistle to the Ephesians ». *Priscilla Papers* 25.2 (printemps 2011) : 22–25.

Beale, G. K. *A New Testament Biblical Theology : The Unfolding of the Old Testament in the New*. Grand Rapids: Baker Academic, 2011.

Bearden, Alexander. « On Whether 1 Corinthians 11:2–16 Allows an Egalitarian Exegesis ». *Priscilla Papers* 19.4 (automne 2005) : 16–21.

Bedale, Stephen. « The Meaning of *Kephalē* in the Pauline Epistles ». *JTS* 50 (1954) : 211–215.

Belleville, Linda L. « Exegetical Fallacies in Interpreting 1 Timothy 2:11–15 ». *Priscilla Papers* 17.3 (Zomer 2003) : 3–11.

______________. *Women and the Church: Three Crucial Questions*. Ada : Baker, 2000.

Beyse, K.-M. « מָשַׁל », dans *Theological Dictionary of the Old Testament*. Édité par G. Johannes Botterweck, Helmer Ringgren, et Heinz-Josef Fabry. Traduit par David E. Green. Grand Rapids : Eerdmans, 1998.

Bilezikian, Gilbert. « A Critical Examination of Wayne Grudem's Treatment of *Kephalē* in Ancient Greek Texts ». Réunion annuelle de la Société théologique évangélique à Atlanta. Octobre 20, 1986.

______________. *Beyond Sex Roles*. 2ème édition. Grand Rapids : Baker, 1989.

______________. « Biblical Community versus Gender-Based Hierarchy: Understanding God's Definition of the Church as the Community of Oneness. » *Priscilla Papers* 16.3 (été 2002) : 3–10.

Botterweck, G. Johannes, Helmer Ringgren, et Heinz-Josef Fabry, réd. *Theological Dictionary of the Old Testament*. 15 vols. Traduit par Douglas W. Stott. Grand

Rapids : Eerdmans, 2003.

Callimachus. *Hymns and Epigrams*. Édité par Ulrich von Wilamowitz-Moellendorff. Medford : Weidmann, 1897.

CBE International. « Men, Women, and Biblical Equality ». http://www.cbeinternational.org/sites/default/files/english_0.pdf.

Cervin, Richard S. « Does *Kephalē* Mean 'Source' or 'Authority Over' in Greek Literature? A Rebuttal ». *TJ* 10 (1989) : 85–112.

___________. « On the Significance of *Kephalē* ('Head') : A Study of the Abuse of One Greek Word ». *Priscilla Papers* 30.2 (automne 2016) : 8–20.

Cicero, M. Tullius. *M. Tulli Ciceronis Orationes : Recognovit Brevique Adnotatione Critica Instruxit Albertus Curtis Clark Collegii Reginae Socius Scriptorum Classicorum Bibliotheca Oxoniensis*. Édité par Albert Clark. Medford : Typographeo, 1908.

Cogan, Mordechai, et Hayim Tadmor. *II Kings : A New Translation with Introduction and Commentary*. AYB 11. New Haven : Yale University Press, 2008.

Conzelmann, Hans. *1 Corinthians : A Commentary on the First Epistle to the Corinthians*. Hermeneia. Philadelphia : Fortress, 1975.

Coseriu, Eugenio. *Sprachkompetenz*. Tübingen : Franke Verlag UTB, 1988.

Curtius, Quintus Rufus. *Historiarum Alexandri Magni Macedonis Libri Qui Supersunt*. Édité par Edmund Hedicke. Medford : Teubneri, 1908.

D'Angelo, Mary Rose. « The Garden: Once and Not Again ; Traditional Interpretations of Genesis 1:26–27 in 1 Corinthians 11:7–12 ». Pages 1–41 dans *Genesis 1–3 in the History of Exegesis: Intrigue in The Garden*. SWR 27. Édité par Gregory A Robbins. Lewiston : Mellen, 1988.

Davis, John Jefferson. « First Timothy 2:12, the Ordination of Women, and Paul's Use of Creation Narratives ». *Priscilla Papers* 23.2 (printemps 2009) : 5–10.

DeMoss, Nancy Leigh. « Femininity: Developing ». Pages 20–46 dans *Biblical Womanhood in the Home*. FFS. Wheaton : Crossway, 2002.

Dibelius, Martin, et Hans Conzelmann. *The Pastoral Epistles : A Commentary on the Pastoral Epistles*. Hermeneia. Philadelphia: Fortress, 1972.

Dionysius de Halicarnassus. *Dionysii Halicarnasei Antiquitatum Romanarum Quae Supersunt*. Antiquitates Romanae 4. Édité par Karl Jacoby. Medford: Teubneri, 1905.

Dunn, James D. G. *The Epistles to the Colossians and to Philemon : A Commentary on the Greek Text*. NIGTC. Grand Rapids: Eerdmans, 1996.

Eisenberg, Ronald L. *The JPS Guide to Jewish Traditions*. 1ère édition. Philadelphia : The Jewish Publication Society, 2004.

Elliott, John H. *1 Peter : A New Translation with Introduction and Commentary*. AYB 37B. New Haven : Yale University Press, 2008.

Ennis, Patricia A. « Portraying Christian Femininity ». *JBMW* 8.2 (automne 2003) : 47–55.

Erickson, Millard. *Who's Tampering with the Trinity ? An Assessment of the Subordination Debate*. Grand Rapids: Kregel Academic, 2009.

Fee, Gordon D. « The Cultural Context of Ephesians 5:18–6:9 : Is There a Divinely Ordained Hierarchy in the Life of the Church and Home That in Based on Gender Alone ? » *Priscilla Papers* 16.1 (hiver 2002) 3–8.

___________. *The First Epistle to the Corinthians*. NICNT. Grand Rapids : Eerdmans, 1987.

Fitzmyer, J. A. « Another Look at *kephalē* in I Corinthians 11.3 ». *NTS* 35 (1989) : 503–11.

___________. *First Corinthians*. AYB 32. New Haven : Yale University Press, 2008.

Foster, Timothy D. « 1 Timothy 2:8–15 and Gender Wars at Ephesus ». *Priscilla Papers* 30.3 (été 2016) : 3–10.

Gesenius, Wilhelm, et Samuel Prideaux Tregelles. *Gesenius' Hebrew and Chaldee Lexicon to the Old Testament Scriptures*. Bellingham : Logos Bible Software, 2003.

Giles, Kevin. « House Churches ». *Priscilla Papers* 24.1 (hiver 2010), 6–8.

___________. « The Doctrine of the Trinity and Subordination ». *Priscilla Papers* 18.3 (été 2004) : 13–22.

___________. *The Trinity and Subordinationism : The Doctrine of God and the Contemporary Gender Debate*. Downers Grove: IVP Academic, 2002.

Gorman, Heather M. « What Has Aeneas to Do with Paul ? Gender, Head Coverings, and Ancient Appeals to Origin Stories ». *Priscilla Papers* 30.3 (été 2016) : 11–17.

Grene, D., trad. *The History: Herodotus*. Chicago : University Press, 1987.

Grenz, Stanley J., et Denise Muir Kjesbo. *Women in the Church : A Biblical Theology of Women in Ministry*. Downers Grove : InterVarsity, 1995.

Grudem, Wayne. « Does *Kephalē* ('Head') Mean 'Source' or 'Authority over' in Greek Literature? A Survey of 2,336 Examples." *TrinJ* 6 NS (1985) : 38–59.

__________. « The Key Issues in the Manhood-Womanhood Controversy, and the Way Forward ». Pages 18–19 dans *Biblical Foundations for Manhood and Womanhood*. Édité par Wayne A. Grudem, *Foundations for the Family Series*. Wheaton : Crossway, 2002.

__________. « The Meaning of *Kephalē* ('Head'): A Response to Recent Studies ». *TrinJ* 11 (1990) : 3–72.

__________. « The Meaning of *kephalē* ('Head') : An Evaluation of New Evidence, Real and Alleged ». *JETS* 44.1 (mars 2001) : 25–65.

Hamilton Jr., James M. « Godliness and Gender Relating Appropriately to All (1 Timothy 2:9–12) ». *JBMW* 15.1 (printemps 2010).

Hanke, Sonja R. « The Formation of Christian (Gender) Identity in Galatians 3:28 : A Historical-Critical and Intertextual Study ». Thèse master en Théologie, Continental Theological Seminary, 2017.

Harris, Joshua. « A Word to Husbands (And a Few More for Wives) : 1 Peter 3:1–7 ». *JBMW* 16.1 (printemps 2011) : 34.

Harris, Murray J. *The Second Epistle to the Corinthians : A Commentary on the Greek Text*. NIGTC. Grand Rapids : Eerdmans, 2005.

Henry, Carl F. H. *God, Revelation, and Authority*. Wheaton : Crossway, 1999.

Herodotus, *Herodotus, with an English Translation by A. D. Godley*. Medford : Harvard University Press, 1920.

Hippocrates. *Hippocrates Collected Works I*. Édité par W. H. S. Jones. Kansas City : Harvard University Press, 2005.

Homer. *The Iliad of Homer*. Édité par Samuel Butler. Medford : Longmans, 1898.

__________ *The Odyssey with an English Translation by A.T. Murray*. Medford : Harvard University Press, 1919.

Hooker, Morna D. « Authority on Her Head : An Examination of 1 Cor. XI.10. » *NTS* 10 (1963–64) : 410–416.

Hude, C. *Herodoti Historiae*. 3ème édition. Oxford : University Press, 1927.

Huey, F. B. *Jeremiah, Lamentations*. NAC 16. Nashville : Broadman & Holman, 1993.

Hunt, Susan. « Women's Ministry in the Local Church : A Covenantal and Complementarian Approach ». *JBMW* 11.2 (automne 2006) : 37–47.

Hurley, J. B. « Did Paul Require Veils or the Silence of Women : A Consideration of 1 Cor 11:2–16 and 14:33b–36 ». *WTJ* 35.2 (hiver 1973) : 190–220.

__________. *Man and Woman in Biblical Perspective*. Grand Rapids: Zondervan,

1981.

Hurshman, Laurie C., et Christopher R. Smith. « Headcoverings and Women's Roles in the Church : A New Reading of 1 Corinthians 11:2–16. » *Priscilla Papers* 17.1 (hiver 2003) : 16–21.

Hübner, Jamin. « Translating αὐθεντέω (*authenteō*) in 1 Timothy 2:12. » *Priscilla Papers* 29.2 (printemps 2015) : 16–26.

Jewett, Paul K. *Man as Male and Female : A Study in Sexual Relationships from a Theological Point of View*. Grand Rapids: Eerdmans, 1975.

Johnson, Alan F. « A Meta-Study of the Debate over the Meaning of 'Head' (*Kephalē*) in Paul's Writings ». *Priscilla Papers* 20.4 (automne 2006) : 29.

Johnson, Kristin L. « Just as the Father, So the Son : The Implications of John 5:16–30 in the Gender-Role Debate » *Priscilla Papers* 19.1 (hiver 2005) : 13–17.

Kaiser, Walter C. Jr. « Correcting Caricatures : The Biblical Teaching on Women ». *Priscilla Papers* 19.2 (printemps 2005) : 5–11.

Kent, Dan Gentry. « Partners in Mission ». *Priscilla Papers* 13.3 (été 1999) : 10–12.

Keener, Craig S. *Paul Women and Wives : Marriage and Women's Ministry in the Letters of Paul*. Grand Rapids : Hendrickson, 1992.

______________. *1–2 Corinthians*, NCBC. Cambridge : Cambridge University Press, 2005.

Kittel, Gerhard, Gerhard Friedrich, et Geoffrey William Bromiley. *Theological Dictionary of the New Testament*. Grand Rapids : Eerdmans, 1985.

Knight, George W. *The Pastoral Epistles : A Commentary on the Greek Text*. NIGTC. Grand Rapids : Eerdmans, 1992.

Koehler, Ludwig. *The Hebrew and Aramaic Lexicon of the Old Testament*. Leiden : Brill, 1994–2000.

Köstenberger, Andreas. « Saved Through Childbearing? A Fresh Look at 1 Timothy 2:15 Points to Protection from Satan's Deception ». *JBMW* 2.4 (1997) : 3–6.

Kroeger, C. C. « The Classical Concept of Head as 'Source' ». Appendix III dans *Equal to Serve*. Édité par G. G. Hull. Old Tappan : Revell, 1987.

Layman, Fred D. « Male Headship in Paul's Thought ». *WTJ* 15.1 (printemps 1980) : 46–67. Available online at http://wesley.nnu.edu/wesleyan_theology/ theojrnl/11-15/15-04.htm.

Liefeld, Walter L. « Women, Submission & Ministry in 1 Corinthians ». Pages 134–53 dans *Mickelsen, Women, Authority & the Bibl*e. Downers Grove : Inter

Varsity, 1986.

Loader, William R. G. *Philo, Josephus, and the Testaments on Sexuality : Attitudes towards Sexuality in the Writings of Philo and Josephus and in the Testaments of the Twelve Patriarchs ; Attitudes towards Sexuality in Judaism and Christianity in the Hellenistic Greco-Roman Era*. Grand Rapids : Eerdmans, 2011.

Lohse, Eduard. *Colossians and Philemon a Commentary on the Epistles to the Colossians and to Philemon*. Hermeneia. Philadelphia : Fortress, 1971.

Manser, Martin H. *Dictionary of Bible Themes : The Accessible and Comprehensive Tool for Topical Studies*. London : Martin Manser, 2009.

Mathews, K. A. *Genesis 1–11:26*. NAC 1A. Nashville : Broadman & Holman, 1996.

McLaughlin, Elizabeth W. « Engendering the Imago Dei : How Christ Grounds Our Lives as Parables of the Divine Image ». *Priscilla Papers* 23.2 (printemps 2009) : 16–20.

Meeks, Wayne A. *The First Urban Christians : The Social World of the Apostle Paul*. Yale. Yale University Press, 2003.

Meyers, Carol L. et Eric M. Meyers. Haggai, *Zechariah 1–8 : A New Translation with Introduction and Commentary*, AYB 25B. New Haven: Yale University Press, 2008.

Mickelsen, Berkeley. « What Does *kephalē* Mean in the New Testament? » Pages 97–110 dans *Women, Authority, and the Bible*. Édité par A. Mickelsen. Downers Grove : InterVarsity, 1986.

——————. « Who are the Women in 1 Timothy 2:1–15 (Part I) ». *Priscilla Papers* 2.1 (hiver, 1988) : 754–796.

Morgan, Teresa. *Literate Education in the Hellenistic and Roman World*. Cambridge : Cambridge University Press, 1998.

Morris, Leon. *The Epistle to the Romans*. PNTC. Grand Rapids : Eerdmans, 1988.

Murphy, Roland Edmund. *The Song of Songs: A Commentary on the Book of Canticles or the Song of Songs*. Édité par S. Dean McBride, Hermeneia. Minneapolis : Fortress, 1990.

Nancy Vyhmeister, éd. *Women in Ministry : Biblical and Historical Perspectives*. Berrien Springs : Andrew University Press, 1998.

Naso, P. Ovidius. *Metamorphoses*. Édité par Hugo Magnus. Medford : Perthes, 1892.

Nebe, Gottfried. « Creation in Paul's Theology ». Pages 111–138 dans *Creation in Jewish and Christian Tradition*. Édité par Henning Graf Reventlow et Yair Hoffman. Sheffield : Sheffield Academic, 2002.

Neusner, Jacob, Alan J. Avery-Peck, et William Scott Green, éds. *The Encyclopedia of Judaism*. Leiden : Brill, 2000.

Neusner, Jacob. *Method and Meaning in Ancient Judaism*. NTBJS 10. Missoula : University Of South Florida, 1979.

Nicole, Roger. « Biblical Egalitarianism and the Inerrancy of Scripture ». *Priscilla Papers* 20.2 (printemps 2006) : 4–9.

O'Brien, Peter Thomas. *The Letter to the Ephesians*. PNTC. Grand Rapids : Eerdmans, 1999.

Padgett, Alan G. « Beginning with the End in 1 Cor 11:2–16 : Understanding the Passage from the Bottom up ». *Priscilla Papers* 17.3 (été 2003) : 17–23.

__________. « Wealthy Women at Ephesus » *JBT* 41.1 (1987).

__________. « What is Biblical Equality? » *Priscilla Papers* 16.3 (2002) : 22–25.

Park, Janghoon. « Clothing » LBD. Édité par John D. Barry. Bellingham : Lexham, 2016.

Payne, P. B. « What Does *kephalē* Mean in the New Testament? » Pages 118–32 dans *Women, Authority, and the Bible*. Édité par A. Mickelsen. Downers Grove : Inter Varsity, 1986.

Peterson, David G. *The Acts of the Apostles*. PNTC. Grand Rapids : Eerdmans, 2009.

Pierce, Ronald W., Rebecca Merrill Groothuis, et Gordon D. Fee, eds. *Discovering Biblical Equality: Complementarity Without Hierarchy*. Downers Grove : IVPress, 2005.

Piper, John, et Wayne Grudem, red. *Recovering Biblical Manhood and Womanhood : A Response to Evangelical Feminism*. Wheaton : Crossway, 2006.

Piper, John. « The Beautiful Faith of Fearless Submission (1 Peter 3:1–7) ». *JBMW* 13.1 (printemps 2008) : 48–52.

Plato. *Platonis Opera*. Édité par John Burnet. Medford : Oxford University Press, 1903.

Plutarch. *Moralia*. PDL 4. Édité par Frank Cole Babbitt. Medford : Harvard University Press, 1936.

Preuss, Horst Dietrich. « דָּמָה » *TDOT*. Édité par G. Johannes Botterweck et Helmer Ringgren. Traduit par John T. Willis et Geoffrey W. Bromiley. Grand Rapids : Eerdmans, 1978.

Prince, David E. « Saved in Childbearing? God's High Calling for Mothers ». *JBMW* 8.2 (automne 2003) : 59–65.

Pseudo-Plutarch. *Moralia*. PDL 5. Édité par Gregorius N. Bernardakis. Medford : Teubner, 1893.

Richards, W. Larry. « How Does a Woman Prophesy and Keep Silence at the Same Time? (1 Corinthians 11 and 14) ». Pages 313–333 dans *Women in Ministry : Biblical and Historical Perspectives*. Édité par Nancy Vyhmeister. Berrien Springs : Andrews University Press, 1998.

Roberts, Alexander, James Donaldson, et A. Cleveland Coxe, réd. *The Apostolic Fathers with Justin Martyr and Irenaeus*. ANF 1. Buffalo : Christian Literature, 1885.

Safrai, Shamuel. « The Place of Women in First-century Synagogues : They Were Much More Active in Religious Life Than They are Today ». *Priscilla Papers* 16.1 (hiver 2002) : 9–12.

Sandys, J. E. *Select Private Orations of Demosthenes (English)*. Medford : Perseus, 1910.

Schreiner, Thomas R. « Philip Payne on Familiar Ground : A Review of Philip B. Payne ». *JBMW* 15.1 (printemps 2010) : 33–46.

__________. « Review of Two Views on Women in Minitry ». *JBMW* 6.2 (automne 2001) : 24–30.

Scroggs, Robin. « Paul and the Eschatological Woman ». *JAAR* 40.3 (1972) : 283–303.

Seneca the Elder. *Annaei Senecae Oratorum et Rhetorum Sententiae Divisiones Colores*. Édité par Adolf Gottlieb Kiessling. Medford : Teubneri, 1872.

Skinner, John. *A Critical and Exegetical Commentary on Genesis*. ICC. New York : Scribner, 1910.

Spencer, Aida Besançon. « Does God Have a Gender? » *Priscilla Papers* 24.2 (printemps 2010) : 5–12.

Sterling, Gregory E. et al. « Philo ». Dans *Early Judaism : A Comprehensive Overview*. Édité par John J. Collins et Daniel C. Harlow. Grand Rapids : Eerdmans, 2012.

Stovell, Beth M. « The Birthing Spirit, the Childbearing God : Metaphors of Motherhood and their Place in Christian Discipleship ». *Priscilla Papers* 26.4 (automne 2012) : 16–21.

Strong, James. *A Concise Dictionary of the Words in the Greek Testament and The Hebrew Bible*. Bellingham : Logos Bible Software, 2009.

Swidler, Leonard. *Women in Judaism : The Status of Women in Formative Judaism*. Metuchen : Scarecrow, 1976.

Tacitus, Cornelius. *Annales (Latin)*. Édité par Charles Dennis Fisher. Medford : Perseus, 1906.

The Council on Biblical Manhood and Womanhood, « The Danvers Statement », http://cbmw.org/uncategorized/the-danvers-statement/.

The Lexham Analytical Lexicon to the Greek New Testament. Logos Bible Software, 2011.

Thiselton, Anthony C. *The First Epistle to the Corinthians : A Commentary on the Greek Text*. NIGTC. Grand Rapids : Eerdmans, 2000.

Towner, W. Sibley. « Clones of God : Genesis 1:26–28 and the Image of God in the Hebrew Bible ». *Interpretation* 59.4 (octobre 2005) : 341–356.

Virgil, P. Vergilius Maro. *Bucolics, Aeneid, and Georgics Of Vergil*. Édité par J. B. Greenough. Medford : Ginn & Co., 1900.

VonRad, Gerhard. « Εἰκών ». Pages 390–392 dans *TDNT*. Édité par Gerhard Kittel, Geoffrey W. Bromiley, et Gerhard Friedrich. Grand Rapids : Eerdmans, 1964.

Vyhmeister, Nancy, éd. *Women in Ministry : Biblical and Historical Perspectives*. Berrien Springs : Andrew University Press, 1998.

Ware, Bruce A. « Male and Female Complementarity and the Image of God ». Pages 70–92 dans *Biblical Foundations for Manhood and Womanhood*. FFS. Édité par Wayne Grudem, Wheaton : Crossway, 2002.

——————. « Male and Female Complementarity and the Image of God ». *JBMW* 7.1 (printemps 2002) : 14–23.

Waters, Kenneth L. « Saved Through Childbearing : Virtues as Children in 1 Timothy 2:11–15 ». *JBL* 123 (2004) : 703–735.

Wilson, Kenneth T. « Should Women Wear Head Coverings? » *Bibliotheca Sacra* 48.592 (hiver 1991) : 453.

Wood, A. Skevington. « Ephesians ». Dans *The Expositor's Bible Commentary : Ephesians through Philemon*. Édité par Frank E. Gaebelein. Grand Rapids : Zondervan, 1981.

Xenophon. *Xenophontis Opera Omnia*. PDL 4. Medford : Clarendon, 1910.

Young, Allison J. « In the Likeness and Unity : Debunking the Creation Order Fallacy ». *Priscilla Papers* 23.2 (printemps 2009) : 12–15.

INDEX TEXTES BIBLIQUES

RALF LUBS (AUT.)

Ralf Lubs est né à Kiel, en Allemagne, le 14 décembre 1968. Après avoir obtenu
son diplôme d'études secondaires, il a étudié le grec ancien, l'hébreu biblique et
la linguistique appliquée en Allemagne de 1990 à 1995. L'année suivante, Ralf
s'est installé en Belgique et a étudié la théologie à la Global University/USA et au
CTS/Belgique de 1996 à 2005 tout en participant à l'im-
plantation d'Églises, à la prédication et à l'enseignement
auprès de différents groupes culturels et linguistiques.
En plus de travailler et d'étudier, Ralf a également fondé
une famille avec sa charmante épouse Dora Andrade du
Guatemala. Ensemble, ils ont trois beaux enfants, Lydia
Sarai, Paola Maria et Daniel Pablo. Actuellement, Ralf
travaille comme professeur de religion dans une école
publique, prêche la parole de Dieu dans une grande variété d'Églises et est le
doyen académique du Continental Theological Seminary à Sint-Pieters-Leeuw,
en Flandre.

LAURA GLAUDE (TRAD.)

Diplômée du Continental Theological Seminary (2019), Laura Glaude a effec-
tué un double cursus en Langues et études interculturelles (2009) au sein des
Universités de Paris Ouest Nanterre (Fr)/Martin Luther Uni-
versität Halle-Wittenberg (All), avant d'enseigner les langues
étrangères dans le secondaire. Elle poursuit actuellement une
formation en Sociologie des Religions à l'Université de Stras-
bourg et axe principalement sa recherche sur les protestants
évangéliques et les pentecôtismes émergents.

SONJA HANKE (ÉD.)

Sonja Hanke est professeur de théologie pentecôtiste et
de langues bibliques au Continental Theological Seminary, professeur de religion protestante dans le secondaire flamand, et professeur d'allemand. Elle est titulaire
d'une maîtrise en théologie exégétique, en théologie
pratique/missiologie et en leadership d'Église.